Contraste insuffisant
NF Z 43-120-14

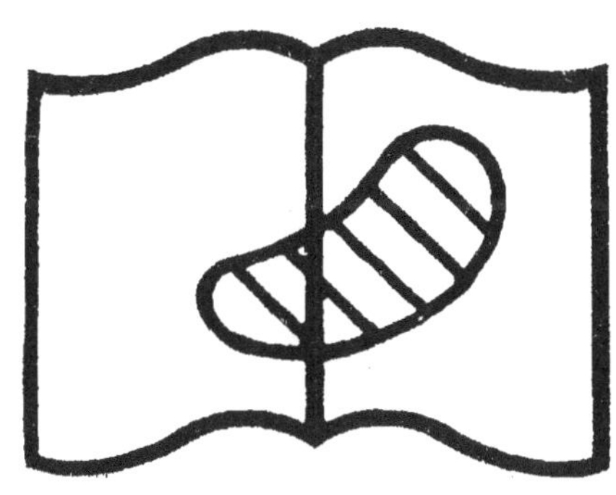

Illisibilité partielle

VALABLE POUR TOUT OU PARTIE DU DOCUMENT REPRODUIT.

Couverture inférieure manquante

OBSERVATIONS CRITIQUES

SUR

L'ARCHÉOLOGIE DITE PRÉHISTORIQUE,

SPÉCIALEMENT

EN CE QUI CONCERNE LA RACE CELTIQUE

PAR

FÉLIX ROBIOU

Professeur d'histoire à la Faculté de Rennes

(Extrait des *Mémoires de la Société Archéologique d'Ille-et-Vilaine.*)

PARIS

DIDIER, LIBRAIRE-ÉDITEUR

35, quai des Grands-Augustins.

1879

OBSERVATIONS CRITIQUES

SUR

L'ARCHÉOLOGIE DITE PRÉHISTORIQUE

RENNES. — IMPRIMERIE DE CH. CATEL ET Cie.

OBSERVATIONS CRITIQUES

SUR

L'ARCHÉOLOGIE DITE PRÉHISTORIQUE,

SPÉCIALEMENT

EN CE QUI CONCERNE LA RACE CELTIQUE

PAR

FÉLIX ROBIOU

Professeur d'histoire à la Faculté de Rennes.

(Extrait des *Mémoires de la Société Archéologique d'Ille-et-Vilaine.*)

PARIS

DIDIER, LIBRAIRE-ÉDITEUR

35, quai des Grands-Augustins.

—

1879

OBSERVATIONS CRITIQUES

SUR

L'ARCHÉOLOGIE DITE PRÉHISTORIQUE,

SPÉCIALEMENT EN CE QUI CONCERNE LA RACE DES CELTES.

Congrès international d'Anthropologie et d'Archéologie préhistorique : sessions de Paris, de Norwich, de Bologne et de Bruxelles. — Alex. Bertrand, *Archéologie celtique et gauloise.* — De Sacken, *Das Grabfeld von Hallstatt.* — Desor, *Les Palafittes du lac de Neufchâtel.* — Fergusson, *Les Monuments mégalithiques.* — *Matériaux pour l'Histoire primitive de l'Homme,* 1875, 1876.

CHAPITRE PREMIER

OBSERVATIONS PRÉLIMINAIRES

La science de l'antiquité a certainement accompli, au XIXe siècle, des progrès que personne, en Europe, n'eût osé seulement rêver, il y a cent ans. Elle a reconstitué, dans une assez large mesure et sur des documents parfaitement authentiques, l'histoire politique des Pharaons et celle des vieux rois de Ninive et de Babylone. Elle a fait plus et mieux encore, en abordant, sur pièces originales, l'histoire des croyances, des coutumes et des arts de ces vieilles populations, et même, en ce qui concerne l'Égypte, l'histoire des lettres dans ces temps reculés. Elle a pu aussi aborder, dans les conditions d'une critique sérieuse, à l'aide surtout de documents archéologiques, l'histoire des premiers rapports établis par voie maritime entre l'Asie occidentale et l'Europe méridionale.

Mais, en même temps, on a voulu faire autre chose. On a voulu rechercher l'histoire de l'état social des diverses contrées européennes, dans des temps pour lesquels il n'existe ni document écrit, ni tradition, concernant les peuples qui les habitaient. On l'a tenté, en se fondant uniquement sur les vestiges de leur industrie. L'entreprise était hardie, audacieuse même; pourtant, il serait téméraire de soutenir qu'elle était impraticable. Mais *plus* elle *sortait des données communes* de la critique historique, *plus* elle devait *s'attacher scrupuleusement* aux lois de la logique, dans l'établissement des principes critiques qui allaient être les siens; or, malheureusement, elle s'est dispensée de le faire. Elle a débuté, comme avaient débuté presque toutes les sciences d'observation, la physique, la chimie, la géologie, la linguistique elle-même, par des assertions hypothétiques posées en principes indiscutables; elle s'est lancée à l'aventure, au risque de dérailler grandement et pour longtemps.

Les doctrines de la nouvelle science, dite *archéologie préhistorique*, se référaient implicitement à une hypothèse première, bien étrangère aux données de l'archéologie et de l'histoire, et sur laquelle il convient de s'expliquer avant tout. La pensée de beaucoup d'adeptes de ces nouvelles études était celle-ci : Le genre humain est parti de cette condition, décrite par Lucrèce et résumée par quelques vers d'Horace, dans laquelle il n'aurait connu ni société, ni famille, ni pensées même, hors celles qui résultent directement de la plus grossière impression des sens, et par conséquent ni arts ni industrie d'aucune espèce; seulement, la nécessité de pourvoir aux besoins matériels de chaque jour aurait fait sentir confusément d'abord, plus distinctement ensuite, la nécessité de perfectionner les instruments, cailloux ou branches d'arbres, tombés d'abord sous la main de ces hommes, dont le mot ÉTAT SAUVAGE n'exprimerait que très-imparfaitement la situation. De même aussi, le besoin instinctif de se grouper pour trouver quelque sécurité contre les hommes et les animaux, dont on craignait les dents et les ongles, aurait élevé graduellement le genre humain à la condition des castors, puis à celle des tribus australiennes d'aujourd'hui; la puissance suprême et fatale du progrès l'ayant amené enfin de siècle en siècle, ou de myriades de siècles en myriades de siècles, de l'état des animaux inférieurs à celui des contemporains de Périclès.

Parmi ceux qui adoptent, en histoire, des conséquences de cette hypothèse, tous, sans doute, ne la formulent pas expressément; tous n'ont pas conçu nettement cet enchaînement d'idées. Et quant à ceux mêmes qui ont admis le plus résolûment cette théorie, il serait souvent difficile de discerner les causes qui l'ont produite dans l'esprit de chacun. Chez les uns, ce pouvait être l'influence des souvenirs classiques, malgré l'ignorance profonde et bien démontrée des Grecs et des Latins sur les questions d'origine, ignorance poussée à tel point, qu'il a fallu tenir pour non avenu, quand on a connu les faits, tout l'ensemble de l'histoire pharaonique, dans Hérodote lui-même, si exact observateur de ce qu'il a pu connaître; dans Diodore, venu après plus de deux siècles d'études alexandrines. Horace, que je rappelais tout-à-l'heure, a montré la même ignorance des origines dans l'histoire littéraire elle-même, dans celle du théâtre athénien, tel qu'il était un siècle avant Sophocle. Les déductions implacables d'un matérialisme formel, ou l'instinct de la haine contre la doctrine qui assigne au genre humain une très-haute origine et par suite une très-haute responsabilité, doivent aussi avoir été de puissantes causes d'égarement, même dans l'ordre scientifique. Enfin, plusieurs ont pu être dominés par le fétichisme du progrès, considéré comme une puissance aveugle et absolue, telle que le *fatum* antique, et dont la souveraineté sera d'autant plus glorifiée que l'on concevra la race humaine comme partie de plus bas, comme primitivement incapable de se proposer à elle-même un but élevé. Certes, il y a dans cette pensée quelque chose de bien humiliant pour qui la prend au sérieux; et pourtant, c'est un fait incontestable que beaucoup de gens la caressent avec orgueil, se complaisant surtout à se croire isolés de toute action divine qui impose la loi du devoir à l'intelligence et à la volonté. Aussi, lorsque des investigations se sont dirigées vers les temps que l'on nomme préhistoriques, on a été dominé par la pensée d'y trouver des traces de la condition originaire que l'on avait supposée.

Hâtons-nous d'ajouter qu'un certain degré de bonne foi dans cette croyance a été longtemps entretenu par un certain nombre de faits, en partie bien constatés, et par leur classement chronologique au moins apparent. Les antiquités préhistoriques des différentes contrées *européennes* se composent d'instruments de pierre simplement taillée, de pierre polie, de bronze, et enfin de fer, indiquant, en général, le passage de nos ancêtres à travers divers degrés de culture, en partant d'un état réellement misérable. Il est d'ailleurs certain que la faune de l'Europe a notablement changé dans les régions de latitude moyenne, depuis le temps où furent créés les premiers instruments de l'industrie dans ces contrées, ainsi qu'il résulte de la nature des ossements mêlés à ces débris dans les stations nombreuses où ils se rencontrent; en sorte que la différence des espèces animales est un moyen de classement pour la chronologie de ces objets, aussi bien que la situation des terrains où ils se rencontrent, et les indices d'un changement dans le climat.

Voici sur quelle série d'hypothèses on s'est appuyé pour déduire des faits observés les affirmations théoriques dont j'ai parlé. Mettons d'abord de côté (au moins pour le moment) les faits très-disputés relatifs à l'homme de la période géologique antérieure à la nôtre, homme n'ayant laissé nulle trace de son existence, si ce n'est des cailloux, qu'il est extrêmement difficile, quand on en examine la reproduction fidèle, de regarder comme ayant subi à un degré quelconque la marque d'un travail humain. Écartons ce qui tient aux discussions géologiques, sur lesquelles, à l'exemple d'un savant archéologue[1] dont je voudrais ici faire connaître et apprécier le récent ouvrage, je dois me récuser pour cause de trop faible compétence, ayant soin toutefois de faire observer, avec le P. de Valroger[2] : 1° que certains débris de squelettes peuvent être anatomiquement confondus avec ceux d'espèces très-différentes; 2° que, s'il s'agit d'une période géologique absolument différente de la nôtre, aucune raison de l'ordre moral ou métaphysique ne nous interdit de penser qu'une race plus ou moins intelligente a pu précéder le genre humain actuel. Tous ces faits sont étrangers à la science historique, et ils flottent dans un ensemble d'incertitudes qui ne permet pas de les considérer comme formant une science. Ce que nous avons à étudier ici, c'est la condition variable de nos ancêtres aux temps préhistoriques, les lois de son développement et les questions de chronologie qui peuvent s'y rattacher.

[1] M. Alexandre Bertrand, directeur du Musée de Saint-Germain.

[2] *Revue des Questions historiques*, avril 1875.

Eh bien, dans cet ordre d'idées et de faits, voici ce qu'ont *supposé* jusqu'ici un grand nombre d'archéologues et d'anthropologistes. Voici ce qu'il faut accepter, sans preuves ni apparence de preuves, pour affirmer la concordance des faits avec la théorie générale énoncée plus haut. D'abord cette hypothèse, que la marche de la civilisation primitive a été la même dans tous les pays; que la succession des âges de la pierre éclatée, de la pierre taillée, de la pierre polie, du bronze et du fer, est universelle et fatale. Puis, que chaque progrès est l'effet d'un effort local, continu et spontané; que les peuples qui l'ont accompli n'ont pas antérieurement subi une décadence et n'ont pas été relevés par le contact d'une race plus heureuse. De plus, que ces âges se sont trouvés séparés en périodes chronologiques tranchées, de telle sorte que la présence d'instruments de pierre dans un gisement constate qu'à cette époque l'usage des métaux était ignoré. Enfin, que le classement des dépôts dans les diverses couches de terre en établit la chronologie, que l'âge de chacun peut être mesuré par sa profondeur, et que nulle mutation n'a été opérée par des causes naturelles ou artificielles, et que, là où les dépôts sont intacts, l'ordre en est toujours le même. *Toutes* ces conditions sont *nécessaires* (sinon suffisantes) pour que l'on puisse conclure des faits archéologiques à la réalité d'une transition graduelle et forcée de l'état de bestialité à celui de civilisation parfaite, transition opérée par voie d'un progrès longtemps inconscient et réclamant un nombre indéfini de siècles. Toutes ces conditions seraient nécessaires, dis-je, et pourtant de récents travaux sont venus démontrer que *toutes* sont *en contraction avec les faits*.

Il est d'abord *une loi générale de l'histoire* qui aurait dû être observée depuis bien longtemps et mise en lumière par des partisans si déclarés de la méthode d'observation, de l'induction baconienne elle-même, s'ils étaient fidèles à leurs propres doctrines quand elles conduisent à contredire les conséquences auxquelles ils sont résolus d'arriver. C'est que l'histoire des siècles *accessibles à nos études* ne présentent *pas un seul exemple* d'un peuple qui soit passé *par lui-même* de l'état sauvage *à l'état de civilisation*. Poser comme universelle et indiscutable une loi *en contradiction avec tous les faits connus*, c'est la plus étrange des témérités; et pourtant, qu'on y regarde de près, et l'on verra clairement que c'est là ce qu'aujourd'hui l'école anti-chrétienne appelle *la science*.

Il y a d'ailleurs une règle critique à laquelle on aurait dû songer pour créer la science nouvelle de l'archéologie préhistorique, c'est celle qui prescrit de passer du connu à l'inconnu. On aurait dû établir la chronologie des traces les plus récentes de l'industrie humaine dans les siècles antiques, et remonter de période en période avant de se prononcer sur l'ensemble. Or, c'est ce que donne le moyen de faire le très-intéressant volume publié en 1876 par M. Alexandre Bertrand, et dans lequel il a réuni un grand nombre d'études détachées, soumises par lui, pour la plupart, dans le cours des quinze années précédentes, à l'Académie des Inscriptions, à la Société des Antiquaires, à la Société d'Anthropologie, etc., ou insérées dans des publications scientifiques; études rééditées avec des notes qui les mettent au niveau des plus récentes découvertes et reliées entre elles par une excellente préface[1]. Le compte-rendu de ce volume me servira le plus souvent de cadre et de guide dans ma tentative pour exposer et la situation présente de ces études, et les règles de saine critique qui doivent leur être appliquées, spécialement en ce qui concerne l'histoire de nos aïeux.

[1] Dès 1877, la première édition était épuisée.

CHAPITRE II.

DISTINCTION DES GAULOIS ET DES CELTES. L'AGE DE FER CHEZ LES GAULOIS.

L'ordre dans lequel sont disposés les nombreux articles qui composent le volume de M. Bertrand n'est pas celui de leur composition successive, mais bien celui des temps auxquels ils se rapportent[1]. Pour une lecture suivie, cet ordre est sans doute le meilleur; mais pour un compte-rendu critique, fondé sur la méthode que je viens de rappeler, je crois devoir adopter l'ordre inverse. Il conviendra d'aborder en premier lieu une question qui paraît, au premier aspect, étrangère aux temps préhistoriques, mais qui correspond au titre du volume, et que nous verrons bientôt être d'une importance considérable pour l'archéologie préhistorique elle-même. Qu'étaient-ce que les Gaulois? Étaient-ils distincts des Celtes? L'auteur n'a publié dans son livre qu'un compte rendu analytique de sa dissertation sur cette matière; mais on la trouve tout entière dans la *Revue Archéologique* de janvier, février et mars 1876, et il a joint au *tiré à part* la reproduction *in extenso*, en original, de plus de cinquante des textes anciens auxquels il renvoie. C'est là que nous trouverons le point de départ des présentes études sur la race celtique.

M. Bertrand établit que Polybe reconnaissait parfaitement la différence des deux appellations Κελτοί et Γαλάται[2], comme

[1] Sauf l'ordre respectif des deux premiers; mais cette anomalie apparente résulte des questions d'ensemble traitées dans le premier et qui en font une sorte d'introduction à tout l'ouvrage.

[2] Forme grecque du nom des *Galli*.

correspondant à une distinction réelle. Il connaissait la répartition géographique des tribus qu'il comprenait sous ces désignations et la différence de leurs habitudes. Les mots Celtes, Celtique, Celtie, Galates, Galatie se trouvent, dit M. Bertrand, deux cent vingt-sept fois dans ce que nous possédons de cet historien, le plus savant critique de l'ancienne Grèce; toutes ces mentions ont été, l'une après l'autre, examinées par notre compatriote, et *pas une seule* n'indique que l'auteur ait confondu les deux peuples. Les Celtes sont pour lui les peuples du bassin du Pô et ceux du Sud-Est de notre Gaule, sauf les Boïens parmi les premiers et les Allobroges parmi les seconds, qu'il range au nombre des Galates. Au contraire, tous les peuples appelés Gaulois, comme les premiers, par les traducteurs, et qui habitaient le bassin du Danube, ainsi que les tribus ou bandes établies en Orient, sont *constamment* nommés Galates par Polybe, dans les *très-nombreux passages* où il a occasion d'en parler[1]. C'est aux bassins de la Saône et de la Marne que, selon M. Bertrand[2], on peut porter l'extrême limite Nord-Ouest des Galates ou Galli, dans le sens où l'entendait Polybe, l'archéologie comparée permettant d'étendre leur domination à des contrées que Polybe ne leur attribuait pas encore, et sur la topographie desquelles il se déclarait incompétent. Cette conclusion, l'auteur français la tire de *milliers* de résultats partiels, fournis par plus de *trois cents* correspondants, isolément consultés pour la carte des antiquités de la Gaule[3]. La répartition des antiquités qui caractérisent les pays gaulois comme distincts des pays celtes, dans le sens le plus restreint de ce dernier mot, n'est pas moins

[1] *De la valeur des expressions* Κελτοί *et* Γαλάται, *dans Polybe*, p. 10-20.

[2] Voyez *Archéol. celt. et gaul.*, p. 288, 298, 332-3, 393-4.

[3] *Ibid.*, p. 414, 417.

accentuée dans les autres contrées de l'Europe[1]. L'auteur constate en outre[2] que le druidisme, dont l'organisation puissante et la profonde influence prouvent certainement l'origine très-ancienne dans la race celtique, paraît avoir été, sinon toujours inconnu des tribus galates, ou, comme il les appelle, des tribus *gauloises*, du moins totalement oublié chez elles, sans doute à cause de leur caractère moins sédentaire et bien plus exclusivement belliqueux.

Il est vrai, M. Bertrand signale quelques exceptions apparentes au classement qu'il a fait d'après les textes de Polybe concernant ces peuples, pour l'époque la plus ancienne, celle qui nous intéresse le plus en ce moment. Le nom de Galates est quelquefois donné à tous les Celtes de la Cisalpine, et particulièrement à l'armée qui prit la ville de Rome vers 390. Mais l'auteur français explique cette anomalie, en faisant observer que certaines tribus ou bandes de véritables Gaulois avaient pris à cette guerre une part considérable, dominante même, et que leur caractère essentiellement guerrier, leur armure distincte avaient spécialement attiré l'attention des Romains[3]. Les Boïens d'ailleurs, nous l'avons vu, étaient, selon lui, de véritables Gaulois; et ce furent eux qui, en Cisalpine, firent aux Romains la résistance la plus acharnée : elle dura jusqu'à la douzième année après la bataille de Zama, et elle contribua peut-être à faire donner le nom *administratif* de Gaule à la Cisalpine tout entière, quand elle fut réduite en province romaine, autre cause d'équivoque et d'erreur, quand on ne regarde pas de près à l'usage fait de ce terme dans chacun des cas où il est employé par l'historien grec; il l'emploie éga-

[1] Voyez *Archéol. celt. et gaul.*, p. 418.

[2] *Ibid.*, p. 407-12.

[3] *De la valeur des expressions*, etc., p. 21-3; cf. *Archéol. celt. et gaul.*, p. 396-7.

lement toujours quand il rappelle les *coutumes militaires* ou les armures importées au-delà des monts par ces hardis aventuriers[1]. Mais leur venue dans cette région n'était pas fort ancienne, tandis que bien auparavant, nous le verrons, des populations celtiques avaient disputé victorieusement le bassin du Pô à des colonies étrusques. Peut-être même, du moins M. Bertrand incline à le croire[2], faut-il rattacher au même groupe les Ombriens, qui s'étendaient le long de l'Étrurie, jusqu'à une faible distance de Rome, et auxquels les Étrusques avaient disputé le bassin du Pô. Strabon affirme que, même après la conquête romaine, on pouvait distinguer, dans cette contrée, des Ombriens et des Étrusques, comme des Ligures et des Celtes[3].

La distinction des Galates et des Celtes, énoncée aussi par Diodore de Sicile, ne doit pas d'ailleurs, M. Bertrand le reconnaît, empêcher d'admettre leur commune origine affirmée par Plutarque, apparemment d'après une tradition ancienne. Quelque peu avancés que les anciens fussent en ethnographie, ils ont parfois, comme les modernes, donné le nom de Celtes à la race tout entière; et la linguistique a proclamé de nos jours la très-étroite parenté de presque tous les peuples anciens de notre Gaule aussi bien que des Iles Britanniques, bien que l'archéologie seule la confirme en ce qui concerne le bassin du Danube. Je reviendrai, avant de terminer ce travail, sur la question ethnographique dans ses rapports avec celle de l'âge de la pierre. Je me borne pour le moment à signaler la question historique éclaircie par le savant directeur du Musée de Saint-Germain, comme étant la clef de

[1] *De la valeur des expressions*, etc., p. 24-8.

[2] *Ibid.*, p. 23.

[3] Strabon, V, 1 (t. I, p. 342, 349-50 de l'édition Tauchnitz); cf. Scylax, cité par Kaempf, *Umbricorum specimen*, p. 30.

toute l'histoire des régions qui s'étendent de la mer Noire au golfe de Gascogne, durant plusieurs siècles avant la conquête romaine, et des questions que doit se poser la science, si elle veut rattacher par des liens solides l'archéologie préhistorique à l'histoire elle-même. Comment l'auteur de l'*Archéologie celtique et gauloise* est parvenu à rejoindre les termes extrêmes de la série, c'est ce qu'il faut lire dans son ouvrage. Je ne prétends ici qu'en donner une idée exacte mais sommaire, et la confirmer par un ensemble de faits empruntés à d'autres travaux.

Rappelons-nous d'abord que les tribus *gauloises* se trouvaient en général, d'après Polybe, fixées en Europe *plus à l'Est* que les peuples celtes proprement dits. Or, ce sont elles qui, selon M. Bertrand, ont *apporté* dans l'Europe centrale et occidentale, sinon la première connaissance, du moins l'usage habituel du fer, et particulièrement des armes en fer. C'est ce qui résulte des observations innombrables faites en France et ailleurs et brièvement signalées plus haut; c'est ce que l'auteur met directement en lumière dans les paragraphes I, II et V de la IIIe partie de son livre. Dans le premier[1] de ces morceaux, il se borne à constater en peu de mots les caractères distincts, limités, dans notre Gaule, à la *région orientale*, qui déterminent l'âge dit préhistorique du fer : 1° Prédominance de ce métal, qui fait disparaître l'épée de bronze; 2° inhumation sous tumulus ou en pleine terre, remplaçant l'inhumation sous les dolmens; 3° première apparition de la *fibule* ou agrafe; 4° changement dans le style de la céramique; 5° première apparition d'une monnaie plus ou moins nationale[2].

[1] Pages 267-71.

[2] Je dis *plus ou moins* nationale, parce que l'auteur fait observer plus loin p. 401-2) que *toutes* les monnaies gauloises sont de grossières imitations de

Les détails sur les types de cet âge gaulois du fer abondent dans le Mémoire de M. Bertrand sur les *Tumulus gaulois de la commune de Magny-Lambert*[1] (Côte-d'Or), situés précisément à la limite de la région gauloise proprement dite. On voit nettement résulter de cette étude, non-seulement le caractère distinct de ces nombreuses antiquités, si on les compare à celles de la Gaule occidentale, mais les analogies fréquentes qu'elles offrent avec celles de contrées plus orientales et même de certains peuples appartenant à l'histoire classique. « Nous avons devant nous, dit l'auteur[2], à côté de l'épée, du bracelet et du vase en argile gaulois, une ciste ou seau et une coupe de bronze, pour ne parler que de ces objets, d'une industrie et d'un art qui forcent immédiatement à tourner les regards du côté de la vallée du Danube ou de la Haute-Italie. La mince feuille d'or repoussé du tumulus de la Combe-Bernard et la perle émaillée nous rappellent les îles de la Grèce, Chypre, Rhodes ou la Crimée. L'anneau de jambe à enroulements trouve ses analogues en Hongrie, en Mecklembourg et en Danemark. La Gaule, à l'époque où nos tertres ont été élevés, était donc en relation avec des contrées très-diverses, et particulièrement avec le monde grec et étrusque, c'est-à-dire avec une civilisation qui n'est pas enveloppée, comme celle de la Gaule, d'un voile épais, mais qui au contraire est de bonne heure, et plus de cinq cents ans avant notre pays, en pleine lumière. »

Les épées de Magny-Lambert ne doivent pas être signalées seulement pour la matière qui les compose, le fer, matière

types connus, grecs ou romains. C'est ce que M. Charles Lenormant avait déjà signalé, du moins pour certaines d'entre elles.

[1] Tumulus de Monceau-Laurent, de la Vie-de-Bagneux, de la Combe-Bernard, de la Combe-à-la-Boiteuse. Le tumulus du bois de Langres, précédemment fouillé, est dans le même département.

[2] *Archéol. celt. et gaul.*, p. 283 ; cf. 284.

qu'on ne rencontre pas dans les sépultures très-anciennes de la Gaule occidentale, non plus que du Nord de l'Europe [1], mais aussi pour leur longueur et pour les *détails* de leur forme [2], détails qui se retrouvent dans d'autres tumulus du même département [3], neuf en tout, sans parler de quelques autres épées provenant d'autres contrées, mais appartenant presque toutes à la *Gaule orientale* [4]; les rares exceptions peuvent s'expliquer aisément par des imitations, des exportations ou des voyages. Les analogies, ou plutôt les ressemblances, ce n'est presque jamais en France qu'il faut les chercher; c'est dans les États autrichiens, dans le bassin du Danube et aussi en Suisse [5]; en un mot, c'est dans les régions indiquées par Polybe comme habitées par des Galates ou Gaulois que se retrouve le type des épées gauloises et non pas proprement celtiques. Les tumulus de Magny-Lambert ont aussi fourni des rasoirs presque tous de bronze, ceux de fer étant faciles à détruire par l'oxidation, puisque la lame de ces instruments ne peut être que fort mince. Ils sont nombreux, quoique *non universellement répandus*, dans les tombes de caractère gaulois; ce qui, comme le fait observer M. Bertrand [6], rappelle un passage où Diodore signale l'usage de cet instrument comme appartenant, dans la race gauloise, à la seule aristocratie.

Parmi les nombreux objets d'archéologie galate trouvés dans la France orientale, le casque ne figure que par un spécimen unique, le *casque de Berru*, à la forme très-allongée, qui a été découvert dans le département de la Marne. On connaît

[1] *Archéol. celt. et gaul.*, p. 418-9.
[2] *Ibid.*, p. 286, 288-9.
[3] *Ibid.*, p. 290-91.
[4] *Ibid.*, p. 291-2.
[5] *Ibid.*, p. 293-7.
[6] *Ibid.*, p. 298-301, 304-5.

d'ailleurs, dans le même département, un certain nombre de cimetières gaulois, d'époque comparativement récente, puisque la longue épée à pointe mousse avait alors disparu pour faire place à une autre épée, également en fer aussi bien que les lances, mais de forme différente et de dimension beaucoup moindre[1]. Le casque de Berru, formant exception, ne peut servir par lui-même à caractériser le monument funéraire où il a été découvert; mais il n'en offre pas moins un intérêt très-réel, non-seulement parce qu'il a été fabriqué au *martelage*, ainsi que des centaines de vases métalliques fournis par les cimetières gaulois dans les vallées du Danube et du Rhin[2], non-seulement aussi parce que son ornementation nous reporte dans la même direction[3], mais encore et surtout, parce qu'il ressemble aux *casques assyriens* sculptés à Khorsabad, et usités encore aujourd'hui dans le Kourdistan[4].

Or ceci concorde, accessoirement, j'en conviens, avec un fait capital, celui de l'importation tardive du fer, en dehors du bassin de la Méditerranée, par un peuple *arrivé de l'Orient, longtemps après* le gros de la race celtique, et communiquant *à ses frères de l'Europe centrale et occidentale l'usage de ce précieux métal.* Ce moyen de progrès dans la civilisation matérielle a donc été dû, chez les Celtes, à une colonisation nouvelle, et non à l'action spontanée d'un progrès indigène. Ceci ne veut pas dire que les Celtes, déjà en possession du bronze, et *qui n'étaient point des sauvages*, n'auraient *pu* accomplir ce progrès par leurs propres efforts; mais qu'*en fait*, dans les contrées qui fournissent à l'archéologie préhis-

[1] *Archéol. celt. et gaul.*, p. 369, cf. 332. — La Marne est en dehors des premières limites de l'occupation galate.

[2] *Ibid.*, p. 381.

[3] *Ibid.*, p. 382.

[4] *Ibid.*, p. 381.

torique la plupart des objets de ses recherches[1], la succession des deux âges du bronze et du fer ne s'est pas opérée de la façon qu'on l'avait conçue, quand on a formulé les principes hypothétiques de cette science. Tel est le fait que nous avons maintenant à étudier dans ses détails et sa chronologie, en nous rendant un compte aussi exact que possible de la distribution et de l'âge, relatif ou absolu, des stations dans lesquelles on reconnaît la substitution graduelle du fer au bronze ; seulement, ne perdons jamais de vue cette loi physique trop souvent oubliée et que M. de Longpérier a si nettement rappelée au Congrès de Paris[2], que, si quelques localités de l'Europe ont *conservé parfaitement* des *armes* ou des *ustensiles en fer*, « elles doivent ce *privilège* à la nature de leur sol. Mais il ne serait pas prudent, ajoute-t-il, de croire que ce métal n'a pas été employé du tout dans les contrées où l'on n'a pas constaté sa présence d'une manière aussi satisfaisante... Le fer se détruit très-rapidement ; en certains terrains, il ne peut pas résister un demi-siècle. » Les dépôts oxydés ont été négligés longtemps, et, parmi ceux qu'on a enfin recueillis, « il en est qui sont de beaucoup antérieurs à ce qu'on est *convenu* d'appeler l'âge du fer. » C'est donc l'ensemble seulement que j'ai ici en vue, sans nier des importations partielles, d'autre origine que celle des Gaulois.

[1] L'introduction de l'usage du fer dans les pays scandinaves ne remontant qu'à l'ère chrétienne ou environ, nous n'avons pas à nous en occuper ici.

[2] Pages 296-7.

CHAPITRE III

TRANSITION DE L'AGE DU BRONZE A CELUI DU FER CHEZ LA RACE CELTIQUE

§ 1er. — *La Haute-Italie.*

La *transition* du bronze au fer, dans les pays occupés par les Celtes, et en général les *relations* entre peuples divers, durant la période où elle s'est produite, sont relativement éclaircies aujourd'hui, même au point de vue chronologique, par suite des découvertes multiples et variées de nature et de provenances, qui ont été faites, dans ces dernières années, des deux côtés de la chaîne des Alpes. Dans la Haute-Italie, en effet, Celtes et Gaulois, nous l'avons vu, se sont trouvés en contact avec la civilisation et la race des Étrusques, dont la chronologie est loin d'être complètement obscure, surtout en ce qui concerne leurs monuments archéologiques. De plus, les stations lacustres de la Suisse et de la Savoie[1] nous montrent des vestiges de la même période très-variés, très-nombreux, et dans un état de conservation satisfaisant. Enfin, la magnifique découverte de Hallstatt nous a mis sous les yeux un centre de commerce, sinon d'industrie, riche en objets appartenant aussi à la période de transition. Une observation très-curieuse d'archéologie comparée, faite par M. de Longpérier, peut également avoir une importance considérable pour la chronologie des dépôts dits préhistoriques. « Dans quelques tombes de Hallstatt, dit-il, ont été

[1] C'est-à-dire les débris de la civilisation des tribus ou des familles qui vivaient dans des habitations élevées sur des pilotis plongeant dans l'eau de ces lacs, à peu de distance de la rive.

recueillies des épées à poignées d'ivoire d'une forte dimension. Or, les peintures de vases à figures noires, appartenant au vᵉ siècle avant notre ère, nous montrent des épées dont la lourde poignée à gros pommeau est peinte en blanc. Cette couleur n'est employée par les artistes de cette époque que suivant certaines règles et avec un grand discernement. Le blanc sert à exprimer l'ivoire, quand il est appliqué aux lyres[1]. » Les tombes où ces armes ont été trouvées ne sont donc probablement pas antérieures au vᵉ siècle ou même au ivᵉ, temps des invasions gauloises dans la péninsule. Et comme, d'autre part, il n'y a là aucune trace de monnaie, bien que le numéraire ait commencé dans le iiiᵉ siècle à circuler et même à être fabriqué dans le bassin du Danube[2], nous avons peut-être une indication approximative du temps où le canton de Hallstatt fut témoin de ce mouvement commercial. Sans doute, comme le dit au même lieu le savant archéologue, « en Italie, dans la Gaule, en Grèce, on a souvent ouvert, sans y rencontrer une seule monnaie, des tombes appartenant notoirement à des époques où le numéraire était abondant. » Mais autre chose est une tombe, autre chose est une station.

Commençons par l'Italie, qui nous servira de raccordement pour la chronologie de ces différentes stations entre elles et avec l'histoire des peuples classiques, puisque nous trouvons là des objets dont la date est susceptible d'un *maximum* parfaitement historique.

La station de Marzabotto[3], à 27 kilomètres de Bologne, a

[1] *Congrès de Paris*, p. 307.

[2] *Ibid.*, p. 305-6.

[3] Le comte Gozzadini la considère comme un cimetière, et M. l'abbé Chierici comme une ville; le comte Conestabile hésite entre les deux opinions, faisant observer qu'on y a trouvé des traces d'inhumation, mais en nombre fort restreint. — Voyez *Congrès de Bologne*, p. 260-2, 278-80, 281-7.

été l'objet d'un rapport détaillé, fait au Congrès de cette ville en 1871, par un archéologue célèbre, M. le comte Conestabile, l'un des hommes assurément qui connaissent le mieux l'Étrurie antique. Il a constaté que ce riche dépôt d'objets qu'on a l'habitude d'appeler *préhistoriques*, appartient à une époque *très-postérieure à l'établissement du gouvernement républicain dans Rome*. On y trouve, en effet, l'*æs rude*, dont on n'a rencontré, en Étrurie, aucun exemplaire plus ancien que le ve siècle de Rome, c'est-à-dire que le temps des guerres contre les Samnites et la Confédération étrusque elle-même; or, les objets d'art de Marzabotto appartiennent incontestablement à la civilisation de l'Étrurie; trois d'entre eux portent même des inscriptions étrusques[1]. Il est à peine besoin d'ajouter que le fer n'est pas rare dans ce dépôt[2]. Il pouvait y provenir indistinctement, soit du Sud par les Étrusques, soit du Nord par les Gaulois; car M. Bertrand signale avec assurance[3] le mélange d'objets franchement gaulois, et spécialement d'épées et de lances, rappelant les formes trouvées dans les cimetières de la Marne, avec les antiquités étrusques de Marzabotto; et le fait se conçoit à merveille, puisque, dès le IVe siècle de Rome, les Boïens avaient opéré leur invasion au Sud du Pô[4]. M. Bertrand signale encore, à Marzabotto, une fibule d'argent de forme tout à fait semblable à celles des fibules qu'on a réunies au Musée national de Saint-Germain[5], ce qui fournit un témoignage frappant du mélange des deux peuples opéré dans le Bolonais; mélange fort inégal, paraît-il, car, à Marzabotto, le

[1] *Congrès de Bologne*, p. 250-1, 253, 258.

[2] *Ibid.*, p. 253.

[3] *Arch. celt. et gaul.*, p. 359, 362-3; cf. Conestabile, *Rapport au Congrès de Bologne*, p. 250.

[4] *Congrès de Bologne*, p. 249.

[5] *Arch. celt. et gaul.*, p. 363.

mode de sépulture étrusque à cette époque peu reculée, c'est-à-dire l'*incinération*, domine manifestement; on trouve aussi, au Nord des Alpes, dans des cimetières *à inhumation*, et par conséquent celtiques ou gaulois [1], des objets appartenant à l'art étrusque. L'un et l'autre mélange constate également les relations entre les deux races, fait peu connu jusqu'ici, d'un grand intérêt par lui-même, en ce qu'il nous ouvre une vue nouvelle sur l'histoire de l'Europe centrale aux temps anciens, et qui, dans la question présente, sert de point de départ à l'étude d'un échange de produits industriels avec des nations dont l'histoire ne parlait, il y a dix ans, que pour indiquer leurs exploits guerriers. On trouve même, à Marzabotto, l'un des types les plus élégants des fibules ou agrafes trouvées à Hallstatt, dans la Basse-Autriche [2], et par conséquent aussi, selon toute apparence, chez les Galates du Danube. M. Desor avait signalé au même Congrès [3] la trace manifeste, dans ce dépôt septentrional, de populations opulentes, en relation avec les centres industriels d'alors, mais ne possédant pas elles-mêmes les ressources d'une puissante industrie; car là, comme en Suisse et en Franche-Comté, on n'a trouvé de moules indiquant la fabrication locale que pour les formes les plus simples. L'industrie des peuples Galates était, en effet, à peu près nulle, aussi bien dans la Gaule que dans la vallée du Danube; et M. Bertrand fait remarquer à ce sujet [4] que la cuiller ou *simpulum* trouvée au Monceau-Laurent, dans la commune de Magny-Lambert, avait été, après un accident, réparée avec une *inhabileté* remarquable. Ces tribus presque nomades, qui ne connais-

[1] *Arch. celt. et gaul.*, p. 360 et 364-5; cf. *Congrès de Bologne*, p. 255.

[2] *Congrès de Bologne*, p. 245. — Nous reviendrons plus loin sur l'importance de cette station.

[3] Page 198.

[4] *Arch. celt. et gaul.*, p. 335; cf. note de la page 275.

saient d'arts que ceux de la guerre, savaient se procurer, par des expéditions de pillage, les produits d'une industrie étrangère, mais ne savaient pas les imiter et les multiplier chez elles. Telle est l'origine que l'auteur assigne aux vases vraiment étrusques qu'on a découverts, non-seulement en Suisse et dans l'Allemagne du Sud, mais dans la Bavière-Rhénane et en Champagne, vases constamment associés à des épées ou à des fibules en fer, dans des stations qui remontent, paraît-il, à une période s'étendant du ve au iie siècle avant notre ère, c'est-à-dire à peu près au temps qui s'écoule entre les grandes guerres contre Véies et la ruine de Carthage. En d'autres termes, cette période est la même que celle des invasions gauloises, tant en Orient qu'en Occident, dans l'Italie, la Grèce et l'Asie-Mineure, et spécialement des luttes diverses de ces peuples contre les Romains, luttes dont le théâtre fut habituellement l'Étrurie proprement dite, et celle du Pô [1]. M. Bertrand remarque même [2] que les vases étrusques trouvés au Nord des Alpes appartiennent surtout à la vallée de la Sarre, et que César (I, 31) indiquait le voisinage du Rhin comme la partie la plus riche de la Gaule, enrichie par le pillage, bien entendu. C'était, en effet, la région qu'habitaient les véritables Gaulois.

Ainsi, tous les arguments historiques et archéologiques concordent pour établir ce fait que, vers le ive siècle avant l'ère chrétienne, vers le temps fort historique de la prise de Rome par les Gaulois, et de la prise de Véies par les Romains, ou, si l'on veut, de l'arrivée des plébéiens aux grandes dignités de la République, des relations très-intimes furent établies et généralement, sinon toujours, imposées par la force, entre les Gaulois, alors seuls possesseurs du fer

[1] *Arch. celt. et gaul.*, p. 334-5, 340.
[2] *Ibid.*, p. 335-6.

dans l'Europe centrale, et les populations de l'Italie supérieure; relations qui comprenaient, dans une certaine mesure, les Gaulois du bassin du Rhin comme ceux de la vallée du Danube. Mais, parmi les traces matérielles de ce grand fait, l'un des plus intéressants à tous égards est le vase trouvé à Graeckwyl, près de Berne, dans un tumulus renfermant trois couches de dépôts, toutes trois contenant des objets en fer. La dernière, c'est-à-dire celle d'en haut, appartenant à la période carolingienne[1], ne doit pas nous occuper ici; la première ne contient, au milieu d'objets en bronze, qu'un fer de cheval, introduit apparemment par un remaniement du terrain[2]. C'est donc seulement la couche intermédiaire qui doit attirer ici notre attention.

Or, on y a découvert des fragments d'une coupe en bronze, portant des figures qui, sans nul doute, sont des monuments d'une religion totalement étrangère à la Gaule, et sont faciles à reconnaître comme provenant de l'Étrurie, probablement des territoires de Clusium ou de Pérouse. M. Bertrand, qui ajoute ce dernier détail, incline fort à en rapporter l'importation au-delà des Alpes à la grande expédition que je viens de rappeler et qui commença, chacun le sait, par le siége de Clusium[3]. Ce qui, du moins, ne peut être méconnu, au premier coup d'œil jeté sur le dessin de ce vase, c'est que le type de la divinité qui s'y trouve représentée appartient à l'Asie occidentale et aux monuments primitifs de l'Étrurie, si fortement empreints d'une influence asiatique, comme les belles études de M. Raoul Rochette[4] l'ont surabondamment démontré. La

[1] *Arch. celt. et gaul.*, p. 338 et 351.

[2] *Ibid.*, p. 339 et 351.

[3] *Ibid.*, p. 335; cf. 350.

[4] *Journal des Savants*, mars 1829 (où l'auteur tâtonnait encore), avril 1830, mars et mai 1834, juin 1836, juin 1841, mai, juillet et septembre 1843, octobre 1844. — Voyez aussi Longpérier, *Journal Asiatique* d'oc-

tradition rapportée par Hérodote (I, 94), touchant l'émigration tyrrhénienne, explique d'ailleurs ce fait autant au moins que l'extension du commerce phénicien. Quant aux imitations de l'art grec, qui se multiplièrent dans de vastes proportions sur les vases fabriqués en Étrurie, elles ne *commencèrent* à s'y produire, d'après toutes les vraisemblances, que vers la fin du IIe siècle de Rome ou le commencement du IIIe [1]; et l'on ne peut admettre qu'elles se soient de longtemps substituées en masse aux productions de l'art véritablement national. Celui-ci ne pouvait être oublié à l'époque du siége de Clusium, et surtout les monuments n'avaient pu en disparaître. Les miroirs à scènes héroïco-mythiques ne se rencontrent nulle part à Marzabotto [2]; au contraire, la Minerve ailée de Marzabotto est un type étrusque bien connu.

Mais la déesse du vase de Graeckwyl, la déesse aux ailes de cette forme spéciale qui caractérise l'art proto-étrusque, et tenant des animaux dans une attitude propre aux représentations de l'Asie occidentale, n'est pas le seul monument d'origine italique que renferme, avec des objets en fer, la même couche du tumulus bernois. On y a trouvé une fibule en bronze, à col de cygne, dont le type appartient aux antiques cimetières de Villanova (près de Bologne) et de Golasecca (près du lac Majeur). Il en est de même d'une urne funéraire du même dépôt [3]. Des fibules semblables ont été trouvées en Alsace, en Franche-Comté, en Souabe, pays qui étaient émi-

tobre-novembre 1855, sur l'art de l'Asie occidentale, et surtout la deuxième partie de l'article de M. de Vogué, dans le même recueil, août 1867. N'oublions pas non plus le type tout asiatique de l'homme combattant un monstre debout, signalé à Marzabotto, *Congrès de Bologne*, p. 252.

[1] Voyez Ch. Lenormant, *Introduction à l'étude des vases peints*, pages 60-63.

[2] *Congrès de Bologne*, p. 244.

[3] *Arch. celt. et gaul.*, p. 339, 351 ; cf. 229.

nemment gaulois dans les derniers siècles avant l'ère chrétienne[1]. Or, des types de Villanova se retrouvent encore à Marzabotto, dont la céramique descend jusqu'au IIIe siècle[2], c'est-à-dire jusqu'au temps des premières guerres puniques, tandis que, nous venons de le voir, les armes gauloises trouvées dans le département de la Marne ont une forme identique à celles de la même nécropole, et par conséquent ne doivent pas appartenir à une période bien éloignée. Et ce qui est plus frappant encore, la même forme se retrouve, d'une part dans le dépôt de notre Alise, le dernier boulevard de l'indépendance gauloise contre César; de l'autre, dans la *station lacustre* de la Tène (lac de Neuchâtel), et dans celle de Tiefenau, également en Suisse[3]. Tout cet ensemble caractérise donc une période comprenant à la fois la durée du Ve au IIIe siècle avant notre ère, dans une partie de l'Italie, et la période gauloise dans la Gaule orientale, *en y comprenant* la dernière station lacustre du lac de Neuchâtel. La nécropole de Marzabotto n'appartient pas d'ailleurs, du moins en totalité, à l'époque la plus récente de cette période, car, selon M. Conestabile[4], les statuettes mythologiques qu'il renfermait ont un caractère archaïque bien prononcé, et l'absence de miroirs à mythes helléniques nous reporte au-delà du IIIe siècle, à en juger par les rapprochements avec les dépôts de l'Étrurie et du Latium[5]. L'*æs rude* à 36 % de plomb y est peu abondant encore; on n'y a trouvé qu'un seul morceau d'*æs signatum*, et pas une seule monnaie régulière[6]. Mais cette circonstance

[1] *Arch. celt. et gaul.*, p. 342.
[2] *Ibid.*, p. 364-5.
[3] Desor, *Discussion au Congrès de Bologne*, p. 278 des Mémoires du Congrès.
[4] *Rapport au Congrès de Bologne, ibid.*, p. 246-7.
[5] *Ibid.*; p. 244.
[6] *Ibid.*, p. 251.

ne dérange point les limites chronologiques indiquées à la formation de ce dépôt, puisque l'*æs rude* lui-même ne paraît s'être répandu en Étrurie qu'au ve siècle de Rome[1]. La persistance à Marzabotto d'un type antérieur trouvé à Villanova confirme donc la conclusion facile à tirer de ces diverses données, savoir : que le dépôt italique étudié dans les pages précédentes appartient à un âge de transition.

Nous aurons à examiner en détail ce qu'étaient les dépôts de Villanova et de Golasecca. Mais auparavant, et afin de ne négliger aucun élément de cette histoire, si nouvelle pour la science, disons, d'après M. Conestabile, quelques mots d'un dépôt moins ancien, celui de la Certosa, à un kilomètre et demi de Bologne, dépôt étudié par ce savant archéologue dans la deuxième partie de son rapport au Congrès de 1871. Là on trouve des cistes funéraires en bronze presque semblables à celles de Marzabotto[2], et une autre semblable à celles de l'Étrurie proprement dite[3]; des stèles funéraires analogues à celles de l'autre cimetière, avec un mélange d'incinération et d'inhumation[4]; des vases peints représentant des scènes de la vie domestique et sociale, mais aussi des mythes *helléniques*, avec des poteries d'un très-beau travail et revêtues de vernis[5]; des fibules d'un goût élégant et d'une grande variété de types, « dont quelques-uns rappellent, de toute évidence, les bronzes de Hallstatt[6]; » enfin et surtout, puisque nous cherchons avec soin des indications de dates relatives, on y a découvert une grande abondance d'*æs rude*[7], destiné probablement,

[1] Desor, *Rapport au Congrès de Bologne*, *ibid.*, p. 251.

[2] Conestabile, *Rapp. au Cong. de Bologne*, p. 264 des Mém. du Congrès.

[3] *Ibid.*, p. 267.

[4] *Ibid.*, p. 264-5 ; cf. p. 265, 268-72.

[5] *Ibid.*, p. 266 ; cf. 268.

[6] *Ibid.*, p. 267.

[7] *Ibid.*, p. 265.

selon l'auteur, à payer le passage dans l'autre vie, et, de plus, une monnaie d'*æs grave oncial*, postérieur, en conséquence, à l'an 537 de Rome (bataille de Cannes), date de la première fabrication d'une monnaie de cette valeur intrinsèque, tandis que le caractère archaïque d'une *situla*, les animaux fantastiques qui la décorent et la comparaison de cet objet avec d'autres monuments de l'art étrusque permettent de faire remonter au-delà du IIIe siècle de Rome, vers l'époque des Tarquins, l'*ouverture* de cette nécropole[1]. Là aussi furent ensevelis, ou plutôt incinérés, des témoins de l'invasion boïenne.

Mais Villanova, qui, comme la Certosa, fut une nécropole de la Bologne primitive, c'est-à-dire de Felsina, nous reporte beaucoup plus haut dans l'histoire de cette cité[2], au *commencement* de l'âge de *transition*. « A Villanova, dit M. Conestabile, presqu'aucune trace de statuettes ou de figures humaines quelconques, sauf une idole féminine en bronze, avec un cercle et deux oiseaux sur la tête et deux autres sur les hanches, et sauf certaines figures symboliques ou de convention, rencontrées sur une des bandes qui ornent la surface d'un ossuaire en terre cuite. L'*ornementation* des objets présente généralement des méandres, des disques, des cercles concentriques ou remplis par une croix, des animaux de différentes espèces, tels que canards, oies, serpents. A Villanova, *aucune* trace de bas-reliefs en pierre, *aucun* objet d'orfèvrerie, *aucune* inscription, *aucun* stylet à écrire, *pas une* ciste en bronze... La composition chimique du bronze de l'*æs rude* paraît plus ancienne qu'à Marzabotto et à la Certosa... Enfin, à Villanova, *aucun* indice, *aucun* fragment de vase peint, et le fer *très-rarement* employé[3]. »

[1] Conestabile, *Rapport au Congrès de Bologne*, p. 272-4 du Congrès.
[2] *Ibid.*, p. 190 et 274-5.
[3] *Ibid.*, p. 275.

En conséquence de ces preuves négatives, et malgré des points de rapprochement nombreux avec les dépôts déjà mentionnés, spécialement quant à la forme et à l'ornementation des fibules, l'auteur croit pouvoir établir[1] que les sépultures de Villanova, ou du moins les plus anciennes de ces sépultures, peuvent remonter à neuf ou dix siècles avant l'ère chrétienne, environ deux siècles avant la date communément acceptée pour la fondation de Rome. Ce maximum approximatif, nous verrons tout-à-l'heure sur quoi il peut être logiquement fondé.

Le savant archéologue fait remarquer, au même endroit, que, par l'ornementation, les types et la composition chimique de ses bronzes, la station de Villanova se rapproche notablement de celle de Hallstatt, comme certaines fibules de cette station danubienne d'un type de Marzabotto. Faut-il en conclure que le dépôt de Hallstatt ait commencé à être formé bien avant la fondation de Rome et se soit prolongé jusqu'au temps d'Annibal ou même plus loin? La conclusion ne serait pas encore rigoureuse. S'il fut un produit d'importations étrangères, par suite de pillages ou autrement, il aurait pu recevoir, au IVe siècle, des objets fabriqués dans le VIIIe; les modes de Clusium n'étaient pas suivies jour par jour dans la vallée du Danube. Nous aurons donc à étudier Hallstatt en détail. Quant à Villanova elle-même, quand nous trouvons que l'usage du fer y est tout à fait exceptionnel, dans un temps probablement assez voisin de la fondation de Rome, il est curieux de rapprocher de ce fait les preuves incontestables de l'usage systématique du bronze, et même de la pierre, dans les rites religieux de l'ancienne Rome[2], rites dont l'origine fut sans

[1] Conestabile, *Rapport au Congrès de Bologne*, p. 275-6.

[2] La charrue à soc d'*airain*, servant à tracer l'enceinte sacrée des villes (Plut., *Quest. rom.*, 27; cf. Varron, *De lingua lat.*, V, 143, et Tite-Live, I, 50-1; II, 14); usage d'un instrument de *pierre*, dans les rites des féciaux (T.-L., I, 24); horreur du fer, dans ceux des frères Arvales (Marini, *Gli atti*

doute en partie latine et sabine, mais qui furent coordonnés, complétés et réformés sous l'influence de l'Étrurie, et qui en maintinrent sévèrement la tradition. Il en résulte que, même dans l'Europe méridionale, l'âge du fer proprement dit n'appartient pas à une époque bien reculée, ce que d'ailleurs Homère nous apprenait déjà pour la Grèce[1].

L'antiquité du dépôt de Villanova, par rapport à l'âge brillant de la civilisation étrusque, se démontre encore par une autre voie. On a trouvé à Poggio-Renzo, près de Chiusi (Clusium, et plus anciennement Camars), un certain nombre d'urnes cinéraires, dont la composition et l'ornementation fort simple, formée surtout, comme à Villanova, de lignes géométriques, constitue un groupe distinct parmi les antiquités de l'Étrurie centrale[2], avec certaines poteries de Cœré (l'ancienne ville pélasgique d'Agylla), dans l'Étrurie du Sud, et d'Albano, dans le Latium[3], c'est-à-dire dans un pays qui paraît avoir été aussi habité par la race pélasgique. La disposition la plus originale de ces lignes se trouve encore à Cumes, *au-dessous* des débris helléniques[4], et elle s'est également retrouvée à Hissarlik, sur le terrain de l'an-

e monumenti de' fratelli Arvali, proemio, p. XXXI-II, et Tav. XXIII, XXXII, XXXIX, XLIII.

[1] Dans les poëmes homériques, le fer est connu, mais fort rarement employé : le bronze le remplace, même à la guerre. Ces poëmes portent d'ailleurs, dans leur contexte, des preuves d'une tradition scrupuleusement conservée ; et, si l'on rapportait au temps de leur rédaction l'état de choses qu'ils représentent, on ferait descendre *bien plus bas* encore que le XIIe siècle l'âge du bronze parmi les Grecs. Sur l'antiquité du dépôt de Villanova (Xe siècle), la valeur artistique et industrielle de ses bronzes et la transition à l'âge de fer, on peut lire, dans *Les Matériaux pour l'Histoire de l'Homme*, 1876 (p. 321-339), l'analyse d'un ouvrage de M. Gozzadini.

[2] *Arch. celt. et gaul.*, p. 231-5, 241.

[3] *Ibid.*, p. 242-4.

[4] *Ibid.*, p. 245.

cienne Troie[1]. De plus, comme l'a exposé M. le chanoine Broggi, dans une lettre à l'auteur de l'*Archéologie celtique*[2], les urnes de Poggio-Renzo étaient *recouvertes* par les déblais de chambres funéraires étrusques, et par conséquent leur étaient antérieures. Or, ajoute-t-il, tous ces vases *n'ont qu'une anse;* à ceux qui primitivement en avaient deux, l'une a été, non pas cassée par accident, mais *systématiquement amputée*. « Cette *même particularité*, continue-t-il, a été remarquée à Villanova sur des *vases parfaitement semblables*. Divers objets avaient été déposés dans les urnes de Poggio-Renzo; ces objets ont *également* le plus grand rapport avec les objets trouvés à Villanova. » — « Il faut ajouter, dit en note M. Bertrand : *et* avec les objets trouvés dans les urnes cinéraires de Golasecca. » Enfin, selon une communication de M. Conestabile, une forme spéciale de rasoirs, trouvée aussi à Poggio-Renzo, est exclusivement propre aux plus anciens dépôts découverts en Italie[3]. Ces antiquités peuvent donc être appelées pré-étrusques, comme le dit l'auteur de l'*Archéologie celtique;* peut-être même doit-on les désigner par l'appellation de pélasgiques; les constructions pélasgiques de l'Italie centrale sont d'ailleurs trop reconnaissables et trop nombreuses pour qu'on puisse nier le fait, affirmé par Denys d'Halicarnasse et confirmé par la linguistique, d'anciennes migrations de cette race dans la péninsule. Comme d'ailleurs la tradition des Hellènes n'accordait pas aux Pélasges un bien grand nombre de générations avant les temps héroïques, et qu'ils ont dû s'étendre dans la Grèce bien avant de passer en Italie, les vases de Poggio-Renzo et de Villanova, ceux de Cumes et le fragment troyen dont j'ai parlé, ne doivent

[1] *Arch. celt. et gaul.*, p. 246.
[2] *Ibid.*, p. 232-5.
[3] *Ibid.*, p. 236-8.

pas avoir une date fort éloignée des temps homériques, ce que nous ont déjà induit à penser d'autres faits archéologiques concernant les nécropoles de Villanova et de Golasecca. Or, nous sommes là en plein âge de bronze, au temps de la première et rare apparition du fer dans le bassin du Pô, où il ne dominera peut-être qu'après l'arrivée des Gaulois. Ce serait donc, approximativement, du xe au ve siècle avant l'ère chrétienne que la transition se serait opérée dans l'Italie supérieure; or, c'est vers le viiie que M. Bertrand[1] croit devoir placer la première introduction du fer dans notre Gaule, ainsi que dans la région comprise entre le Danube et les Alpes. Mais, à cette époque, il est loin d'être répandu dans toute la Gaule; il paraît encore ignoré, ou peu s'en faut, des Celtes proprement dits.

§ 2. — *Bassin du Rhône; — stations lacustres; — le bronze des Celtes.*

Il est un autre fait, dont j'ai dit à peine un mot en passant, et qui pourtant mérite une très-sérieuse attention; c'est l'existence d'un âge du fer dans les stations lacustres ou palafittes. L'existence, bien constatée en divers lieux, de ces habitations singulières semblait donner raison à nos adversaires, en nous montrant les populations de certaines contrées occidentales réduites à vivre en quelque sorte comme des castors, pour se mettre à l'abri ou d'animaux dangereux, ou de voisins plus dangereux encore, et par suite, vivant dans une condition analogue à celle qu'a créée l'imagination de Lucrèce. Il est vrai que l'on ne dut pas tarder à modifier ces premières impressions, quand, dès le mois de janvier 1860, M. Troyon signala aux lecteurs de la *Revue*

[1] *Arch. celt. et gaul.*, p. 209; cf. 220.

Archéologique les habitations lacustres de la Suisse, échelonnées géographiquement dans ce pays depuis le lac de Genève jusqu'à celui de Constance, et chronologiquement depuis le temps des instruments de pierre jusqu'à celui de la *domination romaine*. La station de Concise (canton de Vaud), qu'il étudiait spécialement dans cet article, offrait, avec de nombreux instruments de silex et des poteries d'un art peu développé, un certain nombre d'objets en bronze, et par conséquent un premier indice de synchronisme entre les instruments formés de ces matières diverses. De plus, loin d'indiquer un plus urgent besoin d'isolement, les stations de l'âge de la pierre sont moins éloignées du bord que celles de l'âge du bronze; celle de Wangen, dans le lac de Constance, offre des traces manifestes de la culture des céréales. D'autre part, Eschyle nous apprend que, *de son temps*, ce mode de construction était usité dans le voisinage de la Thrace[1], et Hérodote le décrit avec plus de précision, en l'attribuant, précisément dans cette région, à une partie des Péoniens[2], *lors de l'invasion de Xerxès*, c'est-à-dire au temps où écrivait Eschyle, dans la première moitié du ve siècle avant notre ère.

L'existence d'une station lacustre *durant l'âge du fer*, en Occident, et par conséquent dans une *période bien peu reculée* de l'antiquité classique (ainsi que nous l'avons reconnu dans les pages précédentes), a d'ailleurs été signalée avec beaucoup de détails, en 1865, par M. Desor dans son étude sur *Les Palafittes du lac de Neuchâtel*. Il y a constaté, en étudiant la station de la Tène, la seule qui contienne *exclusivement* des objets de l'âge du fer : 1° que les fers de lance et les javelots trouvés dans cette station *ressemblent* aux fers de

[1] *Les Perses*, vers 850-5.

[2] Livre V, ch. 16. — Cité par M. Weil dans son édition d'*Eschyle*.

lance et aux javelots, assurément bien gaulois, qu'on a trouvés dans les fossés d'Alise[1]; 2° que les lames d'épées sont ouvragées avec *plus de soin et d'art* que celles d'Alise[2], qui appartiennent pourtant au dernier siècle avant l'ère chrétienne; 3° que « quelques fourreaux sont ornés de dessins au repoussoir, » dont l'un « représente l'emblème caractéristique des *Gaulois*, savoir le cheval cornu, tel qu'il se retrouve aussi sur les *monnaies* de la Tène[3]; » 4° que la distinction de la *faux*, destinée à recevoir un manche, et de la *faucille* à main paraît indiquer l'existence et de la vie agricole et de la possession du bétail, auquel est destiné le fourrage. Quant aux fibules en fer trouvées à la Tène, elles sont de formes très-variées; mais toutes appartiennent à la catégorie des fibules à ressort en boudin[4], qui est en général celui des fibules de l'Europe méridionale[5].

Cette station, ces habitations lacustres sont donc contemporaines du temps où florissait la civilisation gauloise proprement dite, celle des Gaulois-Galates de M. Bertrand, arrivés dans notre Europe bien après les Celtes de la Gaule occidentale. Rien d'ailleurs n'est plus significatif à cet égard que les monnaies de la Tène. Non-seulement on a découvert là *cinq monnaies gauloises* proprement dites, mais *une de l'empereur Claude*[6]; et d'ailleurs, comme nous l'avons vu plus haut, les monnaies gauloises elles-mêmes sont toutes imitées

[1] *Les Palafittes ou Constructions lacustres du lac de Neuchâtel*, p. 79-80, 86-7, 105, 127.

[2] *Ibid.*, p. 81-4. — M. Gozzadini dit au sujet des *mors* italiques : « En général, plus l'ornementation des montants est ouvragée, plus les mors sont anciens. » (*Matériaux*, etc., 1876, p. 334.)

[3] *Ibid.*, p. 85 et 98-9.

[4] *Ibid.*, p. 93-4.

[5] *Congrès de Bologne*, p. 215.

[6] *Les Palafittes*, etc., p. 99-100.

de monnaies grecques ou romaines bien connues, en sorte qu'il est impossible de rapporter, pour ce peuple, à une époque vraiment antique ce signe manifeste d'une civilisation assez avancée. Il y a plus encore : les palafittes du lac de Paladin, près de Voiron (Isère), ont fourni des objets *semblables* à ceux qu'on trouve « *associés à des monnaies carlovingiennes*, dans un tumulus du centre de la France, » ainsi que M. Chantre l'a rapporté au Congrès de Bologne[1].

Revenant, en 1867, dans le Congrès de Paris, sur les trouvailles de la Tène, M. Desor énonçait la pensée que cette station, avec ses épées à deux tranchants, ses fibules à ressort et ses monnaies gauloises, appartient encore au premier âge du fer, ainsi que certains *tumuli* où le fer se trouve mêlé au bronze, et spécialement celui de Tiefenau, près de Berne, qu'il croit, d'après son contenu, tout à fait contemporain de la station lacustre. Il tient l'un et l'autre dépôts pour purement gaulois, et par conséquent antérieurs à d'autres antiquités dites, en Allemagne, de l'époque franque, et, en Suisse, de l'époque helvéto-burgonde, caractérisée par le scramasax des Germains; il les tient pour antérieurs encore à d'autres sépultures de l'âge de fer, avec épées à deux tranchants et agrafes incrustées, situées, en Suisse, sur des coteaux[2], bien que, dans celui de Vauroux en particulier, le fer ne paraisse qu'à titre d'exception[3]. L'auteur établit[4] la même distinction entre les tombelles d'Alaise, dont les antiquités sont analogues à celles de Vauroux, et les tombelles d'Alise, qui sont nettement gauloises. Il soupçonne que les premières pourraient remonter plus haut que la fondation de Rome; mais il est loin d'en dire autant de l'âge du fer proprement dit dans la

[1] *Congrès de Bologne*, p. 356.
[2] *Congrès de Paris*, p. 292-3.
[3] *Ibid.*, p. 293.
[4] *Ibid.*, p. 295, note.

Gaule, même orientale. Ceci, on le voit, est parfaitement d'accord avec les conclusions de M. Bertrand, qui admet la *connaissance* du fer en Gaule dès une époque assez ancienne, par suite des relations avec les Phéniciens, avec les Grecs, puis avec la vallée du Danube, mais ramène à des temps bien postérieurs à la fondation de Rome *l'emploi dominant* du fer en deçà du Rhin.

Arrivons maintenant aux résultats obtenus par l'étude des dépôts contenus dans le bassin du Rhône, touchant l'époque où l'usage du bronze paraît être devenu dominant dans cette partie de la Transalpine, la plus voisine des stations de la Haute-Italie étudiées plus haut. Des renseignements nombreux et variés ont été fournis sur ce point par M. Costa de Beauregard au Congrès de Paris, il y a déjà une dizaine d'années, et peu après dans les *Mémoires de la Société française de Numismatique et d'Archéologie* (1870) ; M. Chantre a fait de l'âge du bronze dans le bassin du Rhône l'objet d'une étude spéciale et détaillée, dans une des séances du Congrès de Bologne ; enfin M. Bertrand y est revenu dans plusieurs parties de son volume ; on peut d'ailleurs y rattacher la partie relative à l'âge du bronze dans le travail de M. Desor, puisque le lac de Neuchâtel, bien qu'appartenant au bassin du Rhin, est dans la région comprise entre le Jura et les Alpes[1]. Ce sont les conséquences logiques du rapprochement de ces travaux que je voudrais surtout mettre en ce moment sous les yeux du lecteur, du moins en ce qui concerne la transition du bronze au fer.

M. Chantre appelle, dès le début de son Mémoire, notre attention sur ce fait, que la vallée du Rhône était le centre natu-

[1] M. Desor est revenu brièvement, mais nettement, sur cette question au Congrès de Bruxelles, p. 506-9. Je n'ai malheureusement pu consulter son récent ouvrage, intitulé : *Le bel âge du Bronze*.

rel des plus anciennes relations commerciales de la Gaule avec le bassin de la Méditerranée, l'Italie et les régions septentrionales[1]; il considère les trouvailles faites dans les environs de Lyon, ainsi que dans les plaines du Dauphiné, comme comprenant les plus anciens instruments de bronze découverts dans cette contrée, tandis que les chaînes secondaires des Alpes et les stations lacustres de la Suisse et de la Savoie offrent, du moins en général et sous toute réserve pour les exceptions, des spécimens d'un art plus avancé, les gisements archéologiques du haut Dauphiné, de la Maurienne et de la Tarentaise, nous amenant à l'âge de l'introduction du fer[2]. Si ce classement chronologique est exact, il indique, pour l'industrie du bronze aussi bien que pour celle du fer, une importation étrangère, propagée dans les plaines plus accessibles avant de pénétrer dans les districts montagneux et chez les populations plus isolées qui occupaient les habitations lacustres; importation opérée là, qu'on le remarque bien, avant d'atteindre les districts dans lesquels débouchent les cols du Petit-Saint-Bernard, du Mont-Cenis et du Pas-de-Suze. Ainsi, cette industrie n'a pas dû pénétrer d'abord de notre côté des Alpes par une extension successive, partie des colonies étrusques de la vallée du Pô; mais ces districts ont pu, les premiers, recevoir par cette voie la connaissance de l'industrie du fer, lorsque celle du bronze dominait encore dans tout le pays. Ainsi encore, le bronze a dû se répandre dans le bassin du Rhône soit par le commerce phénicien ou hellénique de la Méditerranée, soit par l'arrivée des Celtes proprement dits, suivant la classification de M. Bertrand, dans le Sud-Est de la Transalpine; dans tous les cas, ceux-ci, nous le verrons, sont bien distincts par la civilisation, sinon par l'origine, des peuples qui, occu-

[1] *Congrès de Bologne*, p. 343-4.

[2] *Ibid.*, p. 345; cf. 352.

pant les contrées de l'Ouest et au Nord, remplissaient les deux tiers de la Gaule transalpine au temps de César. Mais *le fait de l'importation étrangère*, même pour les types les plus anciens, et par conséquent la communication de cette industrie par un peuple nouveau, déjà en possession d'une civilisation assez puissante, c'est-à-dire la grande loi historique sur laquelle j'ai appelé l'attention au commencement de ce travail, ressort ici de la présence d'un art très-accusé, de l'*absence de toute forme* qu'on puisse appeler *rudimentaire*, *même* dans les dépôts où l'on ne trouve ni le verre, ni l'ambre, *même* dans ceux où le bronze est mêlé à des objets de pierre[1], et qui par conséquent accusent la *transition* d'un âge à l'autre. Or, c'est cette transition qu'il nous importe surtout ici de prendre sur le fait. Nulle part non plus on ne trouve, dans ces stations, de moule prouvant une fabrication locale, même imitée de modèles étrangers[2]. Il existe, ajoute M. Chantre, une ressemblance extrême entre certains objets de cette catégorie (surtout les poignards et les haches à ailerons) et des objets de même nature trouvés dans les Terramares du Régionais et du Parmesan[3]. Il y a donc lieu de croire à des communications fort anciennes entre ces contrées; mais rien ne prouve que ces communications fussent alors directes. Les objets des deux groupes peuvent avoir simplement une origine commune; et d'ailleurs, pour des objets aussi simples, aussi indispensables que la hache et le poignard, la ressemblance

[1] *Congrès de Bologne*, p. 345-6.

[2] *Ibid.*, p. 346.

[3] On appelle Terramares, dit M. Desor (*Palafittes*, etc., p. 116), « de petites collines... sur les flancs desquelles on exploite une terre ammoniacale mêlée de cendres, appelée *terra mara*, qui sert d'engrais pour les prés. » Les dépôts qu'on y trouve, avec des pilotis supportant des planchers, comme dans les stations lacustres, sont généralement de l'âge du bronze. — Voy. aussi *Congrès de Bologne*, p. 178-80, 197, 284-6.

des formes n'est pas même un indice certain de communauté d'origine.

Il n'en est pas de même pour des produits d'un art plus délicat et plus varié, qui se rencontrent dans les palafittes helvétiennes et savoisiennes. M. Chantre[1] y reconnait un progrès si considérable et si brusque sur ceux dont nous venons de parler qu'il croit à une nouvelle période d'importation, à des communications nouvelles avec d'autres contrées; d'autant plus qu'on y rencontre, non-seulement l'ambre, nécessairement venu du Nord[2], et la verroterie, qui appartient au bassin de la Méditerranée, mais l'emploi isolé de l'étain, qui certes n'appartient à aucun gisement métallique de cette contrée[3]. Cette importation nouvelle pouvait donner matière à la fabrication indigène du bronze, et, en effet, la station de Réalon a fourni des pièces très-nombreuses, paraissant neuves encore et comme destinées à la vente, donnant ainsi l'idée d'un centre non-seulement de commerce, mais peut-être même de fabrication. Or, Réalon est voisin du mont Genèvre, et, par conséquent, de l'un des cols qui établissent la communication avec le Piémont; la ressemblance est grande entre des objets de notre versant, surtout ceux des palafittes, et d'autres qu'on a trouvés dans cette dernière contrée; de plus, cette ressemblance ne consiste pas seulement dans la forme, mais, ce qui est plus

[1] *Congrès de Bologne*, p. 348-50.

[2] L'ambre jaune venait de la mer Baltique; mais on a reconnu des gisements d'ambre roussâtre et rouge dans des contrées plus voisines ou plus accessibles de celle-là, en Sicile, dans le Liban et même dans le Bolonais. Voyez les comptes-rendus du Congrès de Bude dans les *Matériaux pour l'Histoire de l'Homme*, nov. 1876 (p. 465-6; cf. 541-2).

[3] On a signalé (*ibid.*, p. 445) la découverte récente, auprès de Massa, d'un filon de cassitérite exploité par les Étrusques, mais sans indication de l'époque à laquelle cette exploitation serait attribuée.

significatif, dans la gravure elle-même[1]. Nous pouvons donc y reconnaître un indice de communications entre des peuples dont l'histoire nous est inconnue, et spécialement de relations entre les habitants des palafittes et ceux des cantons voisins. Enfin, des conclusions intéressantes peuvent ressortir de ce fait, que le troisième groupe, propre à la région montagneuse, marque la transition à l'âge du fer dans des sépultures de la Maurienne, de l'Isère orientale et des Hautes-Alpes, où le fer ne commence pas encore à se montrer, mais où les types du bronze rappellent en partie ceux des régions voisines (Basses-Alpes et Tarentaise), dans lesquelles des fibules et le fer, rare pourtant, font leur apparition ensemble, de même qu'à Villanova[2].

Faut-il abandonner cet ensemble de considérations, par suite de l'observation de M. Bertrand[3], que M. Chantre a abusé de la classification et transformé à tort en subdivisions chronologiques les groupes d'objets qui présentent des caractères artistiques et industriels différents. Certes, M. Bertrand a raison de dire qu'il ne suffit pas d'un mérite supérieur dans le travail pour constituer un âge nouveau. Il fait remarquer avec non moins de raison que l'usage dominant du bronze est loin de démontrer l'ignorance du fer, surtout quand le contraire est démontré par les faits dans la Germanie du Sud et dans l'Italie du Nord[4]. Nous devons nous rappeler d'ailleurs la judicieuse et très-importante observation de M. de Longpérier, que le fer disparait très-facilement de certaines stations par suite de l'oxydation que produit l'humidité du sol ou du climat; il n'est conservé, dans les stations dites préhistoriques de notre Europe, que grâce à

[1] Voyez Chantre, *ubi supra*, p. 348-50.
[2] Voyez Chantre, *ubi supra*, p. 350-4.
[3] *Arch. celt. et gaul.*, p. 207.
[4] *Ibid.*, p. 209-10.

des circonstances exceptionnellement favorables. M. Bertrand signale encore, avec raison, comme fort téméraire, l'opinion qui prétendrait affirmer que, dans l'industrie métallique, la fonte a nécessairement précédé le martelage, et que, par suite, l'absence de moules aux temps antiques suppose nécessairement une importation étrangère; car, dit-il, les Grecs et les Latins avaient conservé un souvenir tout opposé de la pratique de cet art chez leurs ancêtres[1]. Ces considérations combattent les conséquences de détail exagérées que l'on pourrait tirer des observations si variées et si curieuses de M. Chantre; mais lui-même avait fait des réserves formelles à cet égard, et cette critique n'atteint pas, ce me semble, les conclusions d'ensemble à tirer de ses rapprochements, conclusions dont M. Bertrand soutient lui-même la pensée générale[2], c'est-à-dire le progrès de l'industrie par la communication des races, pensée qui est celle de son livre tout entier. L'observation de M. Chantre, que les formes rudimentaires manquent pour le bronze du Rhône, même là où il se montre mêlé avec les instruments de pierre, subsiste avec toute sa puissance.

Quant à la période du bronze celtique, en général, M. Desor faisait observer, en 1872[3], que la ressemblance entre les dessins des objets de parure et entre les formes des fibules, dans les galgals de la France, les tombelles de la Suisse et de la Savoie, les cimetières de l'Allemagne et de l'Autriche, témoigne hautement de relations antiques établies entre ces contrées et de l'importation ou de l'art industriel ou des objets manufacturés eux-mêmes. Il fait remarquer aussi, en ce qui concerne les populations lacustres, pour lesquelles les

[1] *Archéol. celt. et gaul.*, p. 208.
[2] *Ibid.*, p. 210-11.
[3] *Congrès de Bruxelles*, p. 507.

objets de comparaison sont nombreux et bien conservés, que les faucilles à talon de Gorgier (station terrestre du canton de Neuchâtel) ont la même composition chimique que celles du lac, en ce sens du moins que nul métal ne s'y trouve allié au cuivre et à l'étain, quoique la proportion de ceux-ci varie accidentellement dans les lacs de la Suisse[1]. Le même fait (bronzes à 10 °/₀ d'étain en moyenne, sans plomb ni zinc en quantités appréciables) a été remarqué par M. Costa de Beauregard[2] pour ce qui concerne les bronzes du lac du Bourget, en Savoie. Les palafittes de ce lac datent d'une époque où l'étain pur et même le fer étaient quelquefois employés, où l'on connaissait, en Savoie, une verroterie perfectionnée[3], où la fonderie des métaux était pratiquée sur place, comme l'attestent des moules en grès et en terre réfractaire trouvés dans quatre stations différentes, sans parler des preuves d'une agriculture très-variée et de l'emploi de nombreux animaux domestiques[4], avec une vannerie très-imparfaite[5] et une céramique diverse de forme, de composition et de mérite[6]. Cet ensemble de faits ne permet pas de prendre à la lettre l'opinion de M. Chantre, quand il reportait au-delà de l'introduction du fer en Savoie les habitations lacustres de ce pays; mais la valeur de cette opinion était déjà bien compromise par le principe qui vient d'être rappelé, savoir qu'il est extrêmement difficile de donner une date *maximum* à l'introduction

[1] Desor, *Les Palafittes*, etc., p. 55-7, 118-9; cf. 62-3, 72-3.

[2] *Habitations lacustres du lac du Bourget*, dans les *Mémoires de la Société Française de Numismatique et d'Archéologie*, p. 14 du *tiré à part*.

[3] *Ibid.*, p. 21.

[4] *Habitations lacustres du lac du Bourget*, dans les *Mémoires de la Société Française de Numismatique et d'Archéologie*, p. 22 du *tiré à part*

[5] *Ibid.*, p. 21.

[6] *Ibid.*, p. 9-10. — Il en est de même pour la céramique du lac de Neuchâtel. Voyez Desor, p. 30-4.

partielle du fer dans une contrée humide. Ce qui est fort intéressant, au contraire, c'est la multiplication des preuves d'une civilisation relativement avancée dans des établissements lacustres; c'est, par exemple, l'usage que leurs habitants faisaient des animaux domestiques, et plus spécialement du cheval de selle, ou du moins du cheval de main, usage attesté par des *mors de bronze* trouvés, l'un dans la station de Mœringen (lac de Bienne), l'autre dans celle de Vandrevanges[1]. La première de ces stations a également fourni deux épées, l'une de bronze, l'autre de fer, fabriquées *exactement sur le même modèle*[2], et par conséquent fixant la date de la fabrication à une *époque de transition* où le fer, quoique bien connu, était encore d'un usage exceptionnel, réservé sans doute à l'aristocratie locale, peut-être même à une sorte de féodalité *gauloise*, au milieu d'une population *celtique*, antérieurement établie dans cette région. Disons, pour terminer et pour réduire à ses véritables termes la classification discutée, que l'industrie la moins avancée a pu et dû subsister pour l'usage commun à côté d'une industrie plus parfaite, réservée à ceux qui pouvaient en payer les produits; mais qu'on doit pourtant considérer comme antérieures sinon les stations où les produits grossiers se rencontrent *seuls*, du moins celles où l'absence d'indices d'une industrie locale permettrait de reconnaître l'usage *exclusif* d'importations étrangères, modèles et mobiles des progrès que fera ensuite la population du pays. Ajoutons enfin, avec M. Desor[3], que les moules trouvés dans

[1] Voyez *Arch. celt. et gaul.*, p. 215-26. — M. Gozzadini considère les mors de Mœringen et de Vandrevanges comme une imitation relativement tardive de ceux de la Haute-Italie ou de l'Étrurie. (Voy. dans les *Matériaux*, etc., août 1876, l'analyse faite par M. Flouest de l'ouvrage du savant italien sur *Quelques mors de cheval italiques*.)

[2] *Ibid.*, p. 198, 223.

[3] *Congrès de Bruxelles*, p. 506.

les palafittes de Suisse et de France ne constituent pas une civilisation perfectionnée; ils dénotent, au contraire, ou les premiers essais d'imitation, ou les efforts imparfaits de populations indigentes.

CHAPITRE IV

LE BRONZE & LE FER DANS LE BASSIN DU DANUBE

§ 1er. — *Le site et les sépultures de Hallstatt.*

Nous avons reconnu plus haut divers rapprochements à faire entre les antiquités trouvées dans l'Étrurie du Pô et l'Étrurie proprement dite, et les antiquités de la station de Hallstatt. Il est temps d'aborder l'étude spéciale et développée de celle-ci, étude indispensable à cause de son extrême importance et rendue facile par le magnifique ouvrage qu'a publié sur ce sujet M. de Sacken, conservateur du Musée des Antiques et membre de l'Académie de Vienne. L'auteur, dépassant de beaucoup son titre, n'a pas seulement décrit avec détail et reproduit dans de riches gravures les objets trouvés dans ce cimetière; il a établi les rapports et les différences qui existent entre ces antiquités diverses et celles des autres parties de l'Europe, surtout de l'Europe centrale, occupée dans l'antiquité par les Celtes et les Germains.

Le cimetière de Hallstatt et le bourg de ce nom sont situés dans la Haute-Autriche, sur la rive occidentale d'un lac d'où s'échappe, au Nord, la rivière de Traun, pour aller rejoindre le Danube tout près de Lintz. On ne pouvait arriver à Hallstatt qu'en bateau ou à travers les escarpements d'une montagne; dans les temps modernes seulement on a pratiqué un sentier qui la tourne. Des chaînes assez élevées, qui se rejoignent au Sud, séparent cette vallée de la Styrie à l'Est et du pays de Salzbourg à l'Ouest. Les maisons du bourg actuel sont placées comme des nids d'hirondelles sur la pente abrupte de la montagne, et plusieurs sont privées de soleil pendant trois mois de l'année[1].

On se dira sans doute qu'une semblable localité n'a guère pu être habitée que comme lieu de refuge, dans les temps de pure barbarie ou d'anarchie féodale; que sa population a dû vivre misérable, sans beaucoup de relations au dehors, et cependant il n'en est rien. Hallstatt, mentionnée dans une charte d'Élisabeth, femme de l'empereur Albert Ier, jouissait, dès les premières années du XIVe siècle, du droit de marché qu'elle possède encore, et, dès les temps préhistoriques de cette contrée, elle a été le séjour d'une population florissante par le commerce et l'industrie. C'est que la montagne sur le flanc de laquelle ce bourg est placé possède une mine de sel extrêmement riche, portant des traces incontestables d'une exploitation régulière dans des temps fort reculés[2]. C'était là un trésor pour la contrée, une source de richesse pour la localité. Il est donc naturel de penser que là vécut, durant des siècles, une population relativement nombreuse, généralement paisible, ayant des relations étendues, et que par conséquent nous y pourrons suivre, durant une longue série de générations, l'état de la civilisation matérielle de cette contrée, sinon même de celles avec qui elle entretint un commerce prolongé.

Les tombes découvertes à Hallstatt de 1846 à 1864 sont au nombre d'un millier environ[3], et cette station a livré à la science six à sept mille objets de toute sorte, depuis les vases

[1] *Das Grabfeld von Hallstatt*, von D^r^ Ed. von Sacken, mit XXVI Tafeln (Wien 1866), p. 1.

[2] *Ibid.*, etc., p. 1.

[3] *Ibid.*, p. 3-5.

de terre jusqu'aux armes de fer et de bronze, jusqu'aux parures en or. Une des premières remarques à faire dans l'étude de ce cimetière, c'est le mélange des tombes renfermant des squelettes avec les tombes renfermant les cendres des morts[1], et aussi l'absence complète de tumulus[2]. M. de Sacken fait remarquer que généralement l'inhumation représente, dans l'Allemagne méridionale et occidentale, une période chronologique distincte de celle de l'incinération et moins ancienne; que, si le mélange des deux modes de sépultures se présente quelquefois, c'est dans les cimetières à tumulus, et que Hallstatt est, à cet égard, une exception unique[3]; que, d'ailleurs, les tombes sans tumulus sont presque toujours, dans ces contrées, des sépultures germaniques, c'est-à-dire appartenant à la population qui, au Sud du Danube, a remplacé très-tard la race celto-galate; cette origine est constatée par la forme des armes et quelquefois aussi par le mélange d'éléments romains[4]. Le cimetière de Hallstatt, au contraire, bien que dépourvu de tumulus, contient des antiquités semblables à celles que l'on a trouvées ailleurs dans les tombes qu'ils recouvrent, et l'auteur en conclut qu'il doit appartenir à une période de transition[5].

Il est possible pourtant que l'absence d'éminences funéraires ait eu pour cause, dans cette localité exceptionnelle, la nécessité d'épargner le terrain. Mais ce qui est très-digne de remarque, c'est que des objets appartenant à l'archéologie d'une même époque sont là indistinctement répartis dans les tombes à inhumations et avec les corps incinérés[6]. Ne fau-

[1] *Das von Hallstatt*, etc., p. 6-13, 128.
[2] *Ibid.*, p. 128.
[3] *Ibid.*, p. 128-9, 132.
[4] *Ibid.*, p. 129.
[5] *Ibid.*, p. 129, 132.
[6] *Ibid.*, p. 128.

drait-il pas y voir la trace de populations diverses, attirées là par le commerce, mais apportant chacune la tradition religieuse et funéraire qu'elle tenait de ses ancêtres? Si donc on voulait chercher à retrouver, dans cette donnée, une indication ethnographique ou chronologique sur l'origine de cette station, il faudrait déterminer quel était le mode de sépulture du peuple qui avait les relations les plus fréquentes avec Hallstatt, et prendre, parmi les deux modes employés dans ce cimetière, celui que n'employait pas ce peuple étranger. Mais, comme nous le verrons et comme nous l'avons déjà entrevu, la contrée tant soit peu lointaine qui eut avec ce point les relations les plus importantes paraît avoir été l'Étrurie cisalpine, et peut-être même l'Étrurie centrale; d'autre part, l'extension des Galates dans tout ce pays n'est pas douteuse. Les Étrusques ont quelquefois inhumé leurs morts, mais les très-vieux cimetières de Villanova et de Golasecca sont formés de sépultures à incinération[1]. Le dernier rite est aussi le plus antique des deux chez les peuples anciens de l'Allemagne du Sud, tandis que l'inhumation est partout le rite galate[2]. Peut-être donc faut-il conclure que les tombes à inhumation sont à Hallstatt, sinon celles de Galates proprement dits, du moins celles de populations celtiques ayant subi leur influence, tandis que les corps incinérés seraient ceux des anciennes familles ayant conservé la tradition du pays, et de marchands étrusques, qui pouvaient, dès les temps antiques, y faire de fréquents séjours.

§ 2. — *Les armes et les ustensiles de Hallstatt.*

Il serait curieux de savoir dans quel genre de sépulture on a trouvé les dix-neuf épées de *fer* et les six épées de

[1] V. *supra*, — et Al. Bertrand, *Arch. celt. et gaul.*, p. 220.

[2] Al. Bertrand, *ibid.*, p. 267, 340, 360.

bronze. Je n'ai pas aperçu de remarque au sujet de leur répartition entre les tombes dans l'ouvrage de M. de Sacken; mais il dit que *toutes* ont des lames de la forme propre à l'âge du bronze[1]. Cela donne lieu de penser que les artisans du pays travaillaient pour des populations demeurées sédentaires, après comme avant l'arrivée des Gaulois sur le haut Danube, et que, sans changer les types, ils firent seulement usage d'une matière meilleure, quand ils l'eurent plus facilement à leur disposition. Un peu plus loin (p. 30), l'auteur dit que les armes courtes, poignards et couteaux, étaient presque toutes dans les tombes à incinération, et que presque toutes aussi ont une lame de fer (p. 31). En tout (p. 115), M. de Sacken compte dix-huit armes de bronze et cent soixante-cinq de fer avec les corps inhumés, quatre-vingt-onze de bronze et trois cent quarante-huit de fer avec les corps brûlés. Il y a ici un exemple intéressant de la transition d'un métal à l'autre; on a déjà observé[2] qu'en thèse générale les antiquités de Hallstatt offrent un mélange de bronze et de fer, et que ce mélange est rare dans l'Allemagne du Sud, inconnu dans celle du Nord. Mais la proportion du fer l'emporte de beaucoup, nous venons de le voir, en ce qui concerne les armes, surtout dans les tombes à inhumation. Quant aux pointes de lances ou de javelines en particulier, toutes sont en fer, à l'exception de deux; or on en trouve dans *toutes* les tombes que la forme du squelette ou la présence de quelque autre objet indique avoir été celle d'un homme; on les trouve non-seulement dans les sépultures des deux rites, mais dans toutes

[1] Sauf pourtant la pointe d'un certain nombre, qui se termine brusquement par un angle très-ouvert.

De Sacken, *ubi supra*, p. 26. — Quelques-unes ont des lames de fer et des poignées de bronze; le même fait est signalé en Hongrie.

[2] *Ibid.*, p. 129.

les parties du cimetière[1], en sorte qu'il est constant que le fer était connu, et même fort employé, dans le bassin supérieur du Danube, pendant toute la durée de l'exploitation préhistorique de ces ruines. M. de Sacken a même remarqué que, si, dans son ensemble, la forme et l'ornementation des objets trouvés à Hallstatt nous reportent à l'âge du bronze, certaines nuances industrielles rappellent les innovations de l'âge du fer[2]. Il ne se dissimule pas qu'on pourra voir dans cette assertion un paradoxe, mais il soutient que ce paradoxe n'est qu'apparent. En effet, dit-il, l'introduction de l'usage du fer a été successive, non pas seulement dans les régions diverses, mais dans les localités diverses d'une même région. Elle a commencé de bonne heure à se produire dans l'Europe centrale, bien que l'usage dominant du fer n'y ait complètement prévalu que très-tard. L'emploi simultané des deux métaux s'est donc produit dans des proportions différentes et nécessairement très-variables, non-seulement d'un canton à l'autre, mais d'une génération à l'autre. Il a pu, comme nous le disait plus haut M. de Longpérier, se produire en beaucoup d'endroits où le fer n'a pas laissé de traces, à cause de sa facile oxydation, surtout, ajouterai-je, si ce métal, n'étant pas encore employé en grande abondance, n'a pas laissé de grands dépôts d'oxydes, difficiles à dissoudre complètement.

Il y a donc, ajoute le judicieux conservateur du Musée de Vienne, une grande imprudence dans ce procédé d'archéologie préhistorique (si largement employé pourtant) qui fait reposer principalement sur la matière employée la classification des âges. C'est le style de l'ornementation, c'est la forme des objets industriels qui établissent surtout la marche des générations, la succession des races, leurs influences diverses; tels sont

[1] De Sacken, *ubi supra*, p. 35-6.

[2] *Ibid.*, p. 130-1.

les principes que proclame hautement M. de Sacken[1] et qu'il a lui-même appliqués avec fermeté dans ses conclusions. Il affirme d'ailleurs que, pour trouver *en Allemagne* (au moins dans le Sud) le véritable *âge du fer*, celui où l'emploi de ce métal a positivement dominé, sans néanmoins exclure celui du bronze, il faut *sortir des temps préhistoriques*, puisqu'il faut arriver à la période germanique, laquelle commence fort tard, *postérieurement à l'ère chrétienne*, dans le bassin du Danube[2]. Ce n'étaient pas sur des Germains, mais sur des Celtes ou plutôt sur des Gaulois que les Romains avaient conquis cette région; c'est la grande invasion des barbares, au IVe et au Ve siècle, qui a introduit les Germains entre ce fleuve et les Alpes. M. de Sacken, traçant, pour ainsi dire, dès 1866, dans une simple note de la page 131, la voie que M. Al. Bertrand a si largegement déblayée, reconnaissait nettement comme *intermédiaire* entre l'âge du bronze proprement dit et celui du fer, dans cette partie de l'Europe moyenne, le temps de la *fabrication gauloise*, dont les spécimens indiscutables se retrouvent à Alise-Sainte-Reine et dans la station lacustre de la Tène, et qui, dit-il, paraît contemporaine de l'imitation semi-barbare des *Philippes* macédoniens et des monnaies de Marseille, avec mélange accidentel de travail romain. Il en résulte que l'âge du bronze, antérieur à la période galatique, pouvait subsister encore au Ve siècle avant notre ère.

Mais quel est ce style de l'âge du bronze, tel qu'il se présente à Hallstatt, où tous ses aspects se concentrent en quelque sorte à cause de l'importance commerciale exceptionnelle que cette station possédait aux temps barbares, par suite de l'exploitation du sel, du voisinage de la Cisalpine, et aussi de sa communication facile, par la Traun, avec la grande

[1] *Das Grabfeld von Hallstatt*, p. 130, 134.
[2] *Ibid.*, p. 130-1.

route de l'Europe centrale, c'est-à-dire avec le Danube? Celui-ci lui ouvrait les plaines de la Pannonie et de la Mœsie, remplies de tribus celto-gauloises, tandis que Hallstatt elle-même se trouvait dans le Norique et par conséquent chez le peuple celte des Taurisques[1]. D'un autre côté, les chemins de la Haute Italie étaient ouverts au commerce du Norique par la vallée de l'Inn, qui aboutit à cinq cols des Alpes, y compris celui de Brenner, origine de la vallée de l'Adige, laquelle conduit dans le Bolonais, à Villanova, comme celui de la Maloïa vers le lac de Côme et le lac Majeur, à l'immense dépôt de Golasecca[2]. Enfin par le haut Danube et le col de Zollhauss, dans les Alpes de Constance, Hallstatt pouvait se mettre en rapport avec l'Helvétie. Il n'y a donc pas trop d'exagération à dire que nous pouvons étudier, dans l'archéologie de ce centre commercial, comme un abrégé de l'histoire du commerce, durant un long âge archéologique, pour d'assez vastes régions.

L'âge du bronze, tel que le définit M. de Sacken, est déterminé par les épées en feuilles de roseau et à poignées en croissant, les poignards de même sorte, les palstabs et les celts, l'ornementation composée de simples lignes, raies ou rubans, cercles et spirales variées, avec absence totale de représentation végétale[3]. Ces règles ont été rigoureusement observées à Hallstatt (sauf un seul vase, V. *infra*), où d'ail-

[1] Voy. Strabon, l. VII, cité par M. Conzen (*die Wanderungen der Kelten*), p. 60-1. Cf. Pline et Ptolémée, *ibid.* Voy. aussi de Sacken, p. 146-9, et Al. Bertrand, p. 258-9, 294. Ce dernier insiste (p. 293, 295-6, 313-5, 324, 329) sur le caractère *galatique* des antiquités de Hallstatt. On a vu que je ne le nie pas; je nie seulement qu'il soit exclusif.

[2] Voy. dans la *Revue archéologique* (déc. 1873, p. 370, p. 8 du *tiré à part*) l'article intitulé : *Note sur quelques bronzes étrusques de la Cisalpine.*

[3] *Das Grabfeld von Hallstatt*, p. 130; cf. 138.

leurs on reconnaît aussi quelques figures très-imparfaites d'animaux parfois fantastiques [1], et des figures humaines [2]; mais leur application s'étend bien au-delà de l'Europe centrale : on les retrouve en Étrurie, et *leur origine est asiatique.* Telle est l'opinion énoncée avec assurance par M. de Sacken [3]; elle touche à un fait d'une trop haute importance pour que l'on ne doive pas chercher à en réunir toutes les preuves; mais, en ce moment, achevons d'examiner les monuments de Hallstatt.

Le savant autrichien se prononce, avec non moins de certitude et plus de rigueur encore, en faveur du double fait d'une importation étrusque et d'une fabrication locale, comme origines des nombreux objets d'art et d'industrie rencontrés dans ce vaste dépôt. Il y a, dit-il, une connexion manifeste entre plusieurs de nos bronzes et l'industrie des peuples civilisés du Midi [4]. Sans doute, le dessin des lignes simples dans l'ornementation peut se retrouver partout, à titre de fait naturel et en quelque sorte instinctif; « mais la concordance a une tout autre valeur, quand il s'agit de l'identité complète de productions marquées d'un caractère propre et spécifique. Or, plusieurs de ces ustensiles de cuivre trouvent non pas seulement leurs correspondants, mais leurs modèles dans les sépultures de l'Italie, et nous pouvons suivre une file de magnifiques dépôts d'un travail incontestablement étrusque, à travers le Tyrol (spécialement à Matrei), la Suisse (vase de Graeckwyl), la Styrie (casque de Negau, trouvaille de Klein-Glein), la Carniole, le Wurtemberg (tête de Pallas d'Œringen), la Hesse (à Borsdorf et à Düskheim), le pays du Rhin, la Bohême et l'Allemagne du Nord jusqu'au Danemark. »

[1] *Das Grabfeld von Hallstatt*, pl. VIII, IX, XI, XIV, XV, XVIII, XX-XXIV.
[2] *Ibid.*, pl. XI, XVIII.
[3] *Ibid.*, p. 130-1, 137-8.
[4] *Ibid.*, p. 132.

Cette route commerciale servait aussi au transport de l'ambre. « Plusieurs objets de parure, particulièrement des fibules, offrent les mêmes motifs de forme et de décoration dans les anciennes sépultures de l'Italie et dans les pays du Nord, seulement plus ornés et plus élégants dans les premières, surtout quant aux représentations figurées, qui manquent presque totalement dans les autres (V. *supra*)... Plusieurs de nos bronzes présentent, quoique isolément, des objets caractéristiques fréquents dans l'Italie moyenne[1]. » — Et plus loin : « Beaucoup d'objets nous indiquent l'Italie moyenne comme leur patrie, aussi bien des armes que des ustensiles, spécialement le couvercle d'un vase de bronze avec figures d'animaux, très-différent des autres antiquités de la même classe; le style en est archaïque et sévère, mais classique. En le comparant aux œuvres étrusques, on peut l'attribuer à la main d'un artiste italien d'une bonne école[2]. Ce vase et son couvercle sont reproduits aux planches XX (fig. 4) et XXI (fig. 1). On y trouve *par exception* quelques éléments accessoires de décoration végétale; mais, à la première vue, on a peu de peine à y reconnaître le vieux style étrusque[3]. » L'auteur signale encore, au même lieu[4], comme ayant leurs analogues à Hallstatt, des seaux de Bologne entourés de cercles (pl. XXII, 1, 2) et des vases avec couronne de rivets en forme de cônes (pl. XXII, 4; XXIII, 1, 2), trouvés dans la nécropole de Cervetri, et il ajoute que de semblables rapprochements peuvent être établis avec presque tous, sinon tous les vases de

[1] *Das Grabfeld von Hallstatt*, p. 138-9. — Pour la Bohême, figures de bronze avec ornements en plaqué, licornes coulées et figure ailée à l'anse, dans un tumulus près de Hraditscht. (Note 1 de la p. 139.)

[2] *Ibid.*, p. 142-3.

[3] Cf. Micali, *Storia degli antichi popoli italiani*, monumenti, tav. XVII, 6; XX, 10, 16.

[4] *Das Grabfeld von Hallstatt*, p. 143.

bronze de Hallstatt. Quelques-uns de ces objets sont même décorés d'un paillon de plomb, métal que les Étrusques avaient connu de bonne heure, mais qu'on ne trouve jamais ailleurs parmi les antiquités de Hallstatt, ni pur ni à l'état d'alliage. L'origine étrangère se reconnaît encore dans une coupe de terre cuite à peintures (pl. XXVI, 3), œuvre tout à fait supérieure à tout le reste de la céramique de Hallstatt et en rapport visible avec les coupes de bronze ornées ; elle se reconnaît aussi dans une figure d'animal ciselée sur une fibule d'or (pl. XIV, 3) et probablement dans des anneaux de verre avec décoration en forme de perles et de boutons (pl. XXVI, 9), ainsi que dans la coquille de verre qui reproduit un motif favori des temps classiques et spécialement de l'art romain; elle se reconnaît enfin dans des clochettes, qui nous montrent l'art italien jusque dans ces détails que l'imitation n'aurait pas reproduits. Des fibules (pl. XIII, 14, 15; XIV, 1, 9), des aiguilles, des bracelets sont au moins imités de l'art étrusque[1].

Maintenant, avant de passer aux produits reconnus par M. de Sacken comme étant, à Hallstatt, des œuvres de l'industrie nationale, examinons, avec M. Al. Bertrand, la question des seaux de bronze et des puisoirs[2], et aussi celle des fibules.

Les seaux de bronze, *rivés et non soudés*, qui ont, depuis quelques années seulement, attiré l'attention des archéologues, sont aujourd'hui nombreux dans les collections européennes. Les savants qui les ont signalés ont partagé d'abord l'opinion émise par M. de Sacken : ils les ont considérés comme des produits industriels particuliers à l'Italie supérieure, et spécialement à l'Étrurie circumpadane. C'est ainsi,

[1] *Das Grabfeld von Hallstatt*, p. 143.

[2] *Revue arch.*, juin 1873 ; article reproduit avec quelque modification dans le choix des détails ou des expressions, dans l'*Archéologie celtique et gauloise*, p. 309-22.

fait observer M. Bertrand, que s'exprimaient, au Congrès de Bologne, MM. Conestabile et Gozzadini. Cependant, l'année suivante, on en trouvait un à Magny-Lambert (Monceau-Laurent), au milieu d'antiquités gauloises et non romaines (tombe à inhumation, épées de fer, rasoir de bronze); la Côte-d'Or, les environs de Berne, ceux de Mayence, le Hanovre, les environs de Lübeck, en fournissaient à leur tour; Hallstatt, enfin, en a donné six, « dont un, dit M. Bertrand, est la reproduction presque identique de notre seau du Monceau-Laurent, et les autres n'en diffèrent que par des détails sans importance[1].

Ces faits doivent être notés avec grand soin, mais ils ne sont pas inconciliables avec l'idée d'une origine étrusque. Il est certain aujourd'hui[2] qu'à une certaine époque, le commerce étrusque s'est étendu loin dans le Nord; à Lubeck même, des objets de fabrique italienne avaient pu être échangés contre de l'ambre, et un seau découvert près de Tongres a été omis tout-à-l'heure dans mon énumération, parce qu'il fallait signaler à part, comme indication à peu près certaine de provenance étrangère, une circonstance très-notable de la trouvaille : « Le même tumulus, dit M. Bertrand, contenait une œnochoé en bronze à bec relevé, *du travail étrusque le plus prononcé.* » Enfin, neuf cistes semblables ont été trouvées dans le Bolonais, le Modénais et le Parmésan, dont deux à Marzabotto et une autre à la Certosa. Ici, la provenance directe est elle-même italienne. De plus, deux portent des caractères étrusques; deux ou trois contenaient des vases

[1] Voyez dans la *Revue archéol.*, *ubi supra*, les pl. XII, XIII, fig. 1 et 8, *Arch. celt. et gaul.*, pl. VII, fig. 7, et *Das Grabfeld von Hallstatt*, pl. XXII, fig. 2; le seau de Hallstatt a eu plus (et M. Bertrand ne l'a pas oublié) de petites figures d'oiseaux. Pour les seaux *à côtes*, voyez fig. 1 de cette planche XXII et toutes les cistes dessinées dans la *Revue*.

[2] V. *supra*, p. 50-1.

peints, et une autre, des miroirs à figures. Parmi ces faits donc, quelques-uns sont favorables à l'origine étrusque des seaux à rivets et à cercles, d'autres ne le sont pas par eux-mêmes, mais aucun d'eux ne permet d'opposer à cette opinion une véritable fin de non-recevoir. L'absence de soudure les reporte d'ailleurs, s'ils sont tous de fabrique italienne, vers une antiquité assez haute, au moins au ve siècle avant l'ère chrétienne, selon notre savant compatriote. C'est à peu près à la même conclusion que s'arrête, au sujet d'une ciste non soudée du Parmésan, un archéologue italien, M. V. Poggi[1].

D'autre part, des puisoirs analogues aux *simpula* romains, non soudés, à anse *rivée* et de formes variées (pl. XXIII, 1, 2, 3, 5, 6, 7; cf. XXIV, 3, 4, 5, 8; et XXV, 4, 5, 11), ont été trouvés à Hallstatt, ainsi que de petites coupes, pouvant servir au même usage, quoique dépourvues d'anses (pl. XXIII, 4; XXIV, 6, 7, 9; XXV, 1, 2, 3, 12, 14, 15), et une véritable cuiller (pl. XXV, 6). Ces petits vases sont fort répandus dans l'Allemagne, tant du Sud que de l'Ouest et du Nord : Hallstatt seul en a fourni plus de cent; ils sont très-nombreux en Irlande et très-rares en Italie; on en a trouvé à Magny-Lambert. Or, M. Bertrand fait remarquer que « *toute cette vaisselle* de bronze, à en juger par les découvertes sur lesquelles nous avons quelques détails, sort de fouilles du même ordre que nos fouilles de Magny-Lambert, et est partout associée à des objets analogues... Ce qui est peut-être encore plus frappant, c'est que, dans les mêmes sépultures où sont placés les *vases de bronze à rivure*, se fait remarquer l'absence des mêmes ornements, des mêmes bijoux, des mêmes armes, communs dans d'autres cimetières de carac-

[1] *Bulletino. dell' Instituto di Correspond. Archeol.*, 1875, p. 144-5. — Sur la correspondance des cistes à cordons avec la première époque de Villanova, voyez le même Bulletin, p. 49, 50, 179, 181; cf. 212-4.

tère différent. Les épées en bronze, par exemple, y sont excessivement rares et du type le plus voisin des grandes épées en fer; les *torques*, si fréquents dans les cimetières gaulois du département de la Marne, n'y apparaissent que par exception. Les fibules y sont rares... Par ce que l'on trouve aussi bien que par ce que l'on ne trouve pas dans ces tombes, on est donc autorisé à dire qu'elles appartiennent à une même phase de développement des pays tant transalpins que cisalpins, plusieurs siècles avant notre ère[1]. »

C'est au temps où l'usage du fer se propageait au Nord et au Sud des Alpes, que ces circonstances nous ramènent; c'est là un fait très-utile à noter pour la détermination de la date relative des sépultures de Hallstatt et conforme à ce que nous avons vu plus haut, très-utile aussi pour l'histoire générale de la civilisation matérielle en Occident. Les fibules de Hallstatt donneront-elles lieu à des conclusions semblables?

On en a trouvé dans presque toutes les tombes de ce cimetière, souvent plusieurs dans la même tombe, et, là où se trouvaient des squelettes, sur leur poitrine ou leur épaule, le défunt ayant été inhumé avec ses vêtements[2]. Les formes en sont variées, pourtant avec ce caractère commun que l'aiguille fait corps avec la pièce principale, à laquelle elle est quelquefois reliée par un ressort[3]; il en est (pl. XIII, 9-10; XIV, 17) qui sont composées seulement de spirales et d'une aiguille; il en est aussi (XIV, 15-17; XIV, 1, 2) qui sont décorées de chainettes; il en est, enfin (XIV, 3; XV, 4-7), qui affectent des formes d'animaux. Les fibules en spirales sont ici au nombre de plus de quatre cents[4]; on les retrouve en divers lieux de l'Allemagne, en Suisse, et, *par exception*,

[1] *Arch. celt. et gaul.*, p. 320-1.
[2] *Das Grabfeld von Hallstatt*, p. 58.
[3] *Ibid.*, pl. XIII, 10-15; XIV, 1-17; XV, 1-7, 17.
[4] *Ibid.*, p. 60.

en Italie[1]; à Marzabotto, c'est dans une tombe à inhumation qu'on en a trouvé, et la forme en est exactement la même que celle d'une fibule de la Marne[2]; l'origine étrusque est donc ici beaucoup moins vraisemblable que pour les cistes. Comme pour les coupes à rivure, on est amené à la pensée d'une fabrication transalpine, et, pour Halstatt au moins, à l'époque de l'usage habituel du bronze, puisque *pas un seul* des objets de parure, trouvés par milliers dans cette station, n'est en fer[3]. En d'autres termes, l'influence galatique s'y est exercée, mais le fond de la population *industrielle et commerçante* paraît avoir appartenu à la précédente immigration de la race celtique.

Oui, *industrielle*, car le moment est venu de pénétrer plus avant, à la suite de M. de Sacken, dans les habitudes domestiques de cette tribu celtique et de mesurer de plus près son état de civilisation. Avant tout, il a soin d'écarter nettement l'hypothèse d'une grossière barbarie, d'une incapacité intellectuelle à travailler les métaux, barbarie que l'on pourrait avoir l'idée d'attribuer à ce pays, un certain nombre de siècles avant la conquête romaine. L'exploitation des mines en grand est déjà une œuvre de civilisation; or, outre l'exploitation des salines de Hallstatt même, on a des preuves que des usines de cuivre voisines de là, dans la Styrie et dans le Tyrol, ont été très-anciennement en action[4]. Le cuivre est l'élément principal du bronze; mais l'étain était-il aussi à la disposition des Noriques? Selon M. de Rougemont, les mines d'étain les plus voisines, celles de Bohême et de Saxe, n'ont été ouvertes qu'au moyen âge[5], et les auteurs anciens ne parlent

[1] *Das Grabfeld von Hallstatt*, p. 60.
[2] *Archéol. celt. et gaul.*, p. 360-1.
[3] *Das Grabfeld von Hallstatt*, p. 115.
[4] *Das Grabfeld von Hallstatt*, p. 141-2.
[5] *L'âge de bronze*, p. 90.

jamais de l'étain gaulois[1], bien que dans le département de la Creuse il existe, selon cet auteur, des traces de travail minier *pouvant* remonter jusqu'à l'âge gaulois. On a trouvé des outils de pierre et de bronze dans les galeries primitives des usines de cuivre *ou d'étain* de la France et des pays voisins[2]; au Congrès de Bude, on a indiqué une exploitation de cassitérite opérée à Massa par les Étrusques[3]; mais nulle part les témoignages de l'antiquité ne permettent d'accorder une importance considérable à ces exploitations. Il est donc peu probable que les Celtes du Danube aient pu tirer leur étain de là[4]; moins probablement encore de la Lusitanie ou de la Gallœcie[5], que l'on ne supposera pas reliées à Hallstatt par des routes commerciales avant la conquête romaine. Il n'existe pas du tout de mines d'étain dans l'Illyrie, ni dans l'Italie[6], ni dans la Grèce, ni dans la Thrace. Restent les mines fameuses des îles Sorlingues ou de la Cornouaille britannique, dont l'étain a été si longtemps matière d'un grand commerce pour les Phéniciens. Mais, comme M. de Rougemont le faisait observer déjà en 1866, le nom phénicien de l'étain, *kasdir* (que l'on retrouve dans le Κασσίτερος des Grecs), n'avait pas franchi l'Adriatique, et par conséquent l'étain des bronzes fabriqués auprès du massif des Alpes n'était pas apporté par les Phé-

[1] *L'âge de bronze*, p. 90.

[2] Voy. *Matériaux pour l'histoire de l'homme*, 1875, février, *sub fine*.

[3] Même recueil, 1876, p. 445.

[4] M. de Sacken (p. 134) parle d'un gisement d'étain aux environs de Bordeaux; c'est peut-être le même que celui dont parlait M. de Rougemont.

[5] Sur l'existence de l'étain dans ce pays, connue au temps de l'Empire romain, voy. Pline, XXXIV, 16, dans Pictet (*Les origines indo-européennes*, § 25); cf. de Sacken, p. 134; et de Rougemont, p. 88.

[6] *Ibid.*, de Rougemont; sauf pourtant à Massa (V. *supra*); mais cette indication est vague et sans désignation de temps.

niciens; il arrivait plutôt de la Cornouaille par la Seine, c'est-à-dire par l'intermédiaire des peuples de la Gaule; et par conséquent les routes fluviales de la Gaule s'ouvrirent de bonne heure au commerce des peuples occidentaux. « La Suisse occidentale, dit le même auteur, abonde en monnaies des Santons et des Calètes[1]; » un commerce actif exista donc entre elle et les bords de la Manche et de l'Océan, au temps des monnaies autonomes de la Transalpine. M. François Lenormant va plus loin encore[2] : il croit que l'étain de Cornouaille vint longtemps par la Seine, la Saône et le Rhône aux mains des Phéniciens eux-mêmes, avant qu'ils eussent la hardiesse de se lancer dans l'Océan.

Ce n'est là qu'une conjecture; mais ce qui n'en est pas une, c'est l'observation empruntée par cet écrivain à M. Pictet[3] que l'ancien allemand, le lithuanien, le polonais et même le latin ont reçu le nom donné par eux à l'étain des Celtes, qui le possédaient dans tous leurs dialectes (cymrique, *ystaen*; cornique, *stêan;* armoricain, *stéan*, *sten*, *stin;* erse *staouin*); mot explicable dans ces langues, puisque, comme le dit M. Pictet, le cymrique *ystaen* signifie *extension*, nom qui convient à un métal ductile, tandis que *stannum* n'a pas d'étymologie en latin. Les Romains ont donc dû recevoir l'étain par l'intermédiaire de la Gaule, comme les riverains du Weser, de la Vistule et du Niémen le recevaient par la mer du Nord et la Baltique.

Dans tous les cas, Hallstatt a pu recevoir de bonne heure l'étain de Cornouaille, et par conséquent non-seulement

[1] *Ibid.*, p. 114, les Calètes à l'embouchure de la Seine, les Santons limitrophes des Lémovices, chez qui pouvaient avoir été ouvertes les mines de la Creuse.

[2] *Les premières civilisations*, I, p. 156.

[3] *Les premières civilisations*, note de la page 148. — *Les Orig. indo-eur.*, § 25.

forger le bronze, mais encore le fabriquer. Elle recevait aussi l'ambre[1] de la Baltique, qui n'est guère moins éloignée. Peu importerait d'ailleurs, dit avec raison M. de Sacken[2], en ce qui concerne la constatation d'une civilisation assez avancée, que les objets d'art fussent importés ou exécutés dans le pays; ni ceux qui les fabriquaient, ni ceux pour le goût desquels le commerce demandait des œuvres délicates et coûteuses ne peuvent avoir été des sauvages. Et les formes rudimentaires de certains objets trouvés à Hallstatt ne prouvent rien en sens contraire, non-seulement parce qu'à des fortunes diverses il fallait alors, comme aujourd'hui, des produits différents, mais parce que, dans tous les temps aussi, la ciselure achève ce que la fonte a grossièrement ébauché, et qu'il ne faut pas juger d'une industrie par des œuvres inachevées[3]. D'ailleurs, l'emploi des fibules semble indiquer des vêtements compliqués, et, autant qu'on en peut juger par leurs débris, les étoffes de Hallstatt n'étaient pas trop grossières. Le grand nombre de faucilles qu'on y a trouvées indique un usage étendu de l'agriculture; des lingots de bronze et *des scories*, des limes et une petite enclume constatent positivement l'existence locale de l'industrie métallique; et la fabrication locale du bronze lui-même résulte d'abord d'une galette de *cuivre* fondu, avec patine très-ancienne, tandis qu'on n'a trouvé là *aucun* objet *manufacturé de cuivre*, puis de la composition chimique de certains bronzes de cette station. Les proportions du cuivre et de l'étain varient, bien qu'en général elles soient les mêmes que dans les autres pays (c'est-à-dire 90 °/₀ de cuivre); mais un nombre considérable d'objets de parure, reconnaissables à leur couleur pâle et à leur patine

[1] *Das Grabfeld von Hallstatt*, p. 134.
[2] *Ibid.*, p. 133, 134.
[3] *Ibid.*, p. 133; cf. 141.

grise, contiennent une fraction importante de nickel, 2 à 8 °/₀, destiné à remplacer l'étain. Or, ce métal, dont les gisements sont rares, se trouve en grande abondance dans celui de Schladming, en Styrie, *à quelques heures de Hallstatt*, où il est encore exploité, et d'où l'on tire aussi du cuivre. De plus, le nickel, qui se retrouve dans certains bronzes de la Suisse occidentale, parce qu'on le tire du Valais, ne se rencontre *jamais* dans ceux d'Étrurie [1]. Enfin, la forme et l'ornementation d'objets d'argile, sans doute fabriqués sur place, sont exactement les mêmes que ceux des objets de bronze de même nature. Pour le fer aussi, la Styrie fournit la matière en abondance, et celui des forges *noriques* était fort estimé des Romains [2]. L'industrie des Celtes Noriques ne peut donc pas plus être niée que leur commerce, pour des temps antérieurs à la conquête romaine, car celle-ci, qui a laissé des traces dans le bassin de la Traun, n'en a guère à Hallstatt même [3], dont le sel put trouver une concurrence redoutable dans celui de la mer, quand les grandes routes de l'Empire furent établies partout.

Nous avons vu que les inductions à tirer de faits divers nous reportent, pour établir une chronologie approximative de cette station, vers le IIIe, le IVe et le Ve siècle avant notre ère. M. de Sacken examine séparément ce point avec sa rigueur ordinaire. Le cimetière de Hallstatt est nettement distingué, dit-il, des cimetières alamans du IIe au Ve siècle (après notre ère) par l'absence totale de bijoux en fer et du style germanique, ainsi que par l'usage des inhumations; il tient même, par un grand nombre de monuments, à la période florissante de l'art étrusque, et, par le couvercle à figures d'animaux, au

[1] *Das Grabfeld von Hallstatt*, p. 141-2.
[2] *Ibid.*, p. 142.
[3] *Ibid.*, p. 149-53; cf. 144.

style archaïque de l'Italie moyenne, c'est-à-dire aux ve et vi^e siècles [1]; par les seaux, au temps de la nécropole bolonaise, période des lécythes à figures noires (du vi^e au ive) [2]. M. de Sacken, d'ailleurs, se refuse à fixer même au ive siècle la limite inférieure de ces monuments, comme on l'a voulu faire à cause de l'absence de l'argent, ce qu'il ne tient pas pour indication suffisante, et à cause de l'absence de monnaies imitées des philippes, l'usage de mettre des monnaies dans les tombes paraissant n'avoir été introduit dans ces contrées que par les Romains. Sans doute, ajoute-t-il, l'usage de ce cimetière a duré longtemps : plusieurs types, surtout pour les bijoux, appartiennent à des temps divers ; il y a là des pointes de lances qui ressemblent à celles des défenseurs d'Alesia, des vases de verre à côtes comme les Romains en ont eu. En s'arrêtant à la période de cinq siècles qui précède l'établissement de la domination romaine dans ce pays, on aura l'approximation la plus juste à laquelle il soit possible de se fixer [3].

CHAPITRE V

L'INTRODUCTION DU BRONZE DANS L'EUROPE MOYENNE

Revenons maintenant à la question plus générale de l'introduction du bronze dans l'Europe moyenne, c'est-à-dire dans celle qui n'appartient ni au bassin de la Méditerranée proprement dite, ni aux régions scandinaves, ni au versant de l'Océan glacial.

[1] *Das Grabfeld von Hallstatt*, p. 144.
[2] *Ibid.*, p. 145.
[3] *Ibid.*, *ibid.*

Disons-le d'abord : les anciens n'ont peut-être pas complètement ignoré l'action exercée par la civilisation orientale sur les régions illyriennes. Ils nous ont transmis à cet égard des renseignements rares sans doute, mais intéressants, sinon à l'abri de toute critique, qui sont rappelés par M. de Sacken[1]. Hérodien (VIII, 3, 19), dit-il, nomme *Bel* le dieu ou un dieu des Illyriens; et Tertullien (*Apol.*, 24) dit que les Noriques adoraient Belen. Un autel de Bellenus, ou Bellinus, a été trouvé près de Klagenfurth avec une inscription constatant sa dédicace : or, Bel est un dieu asiatique. M. de Sacken rapporte d'ailleurs avec toute apparence au culte ancien du soleil l'usage d'allumer, au solstice d'été, les feux dits de la Saint-Jean, retrouvant à la fois cet usage dans l'Irlande, la France[2], la Haute-Autriche, la Carniole, l'Istrie, toute l'Allemagne du Sud, et, enfin, la Petite-Russie (entre le Pripet et le Donetz). Il nie, contre M. Nillson, que le séjour de quelques marchands phéniciens ait pu imprimer des traces vastes et profondes dans les croyances et les habitudes religieuses de grandes populations; il ajoute qu'il s'en faut de beaucoup que ces traces soient bornées aux régions maritimes, et il attribue cette communauté de coutumes à la communauté d'origine et de croyance des populations elles-mêmes, émigrées d'Asie dans l'Europe moyenne[3].

Il est vrai, deux objections peuvent ici être opposées : le nom de Bel n'appartient point à la famille aryenne, à laquelle pourtant appartiennent les populations celtiques, germaniques, scandinaves, lithuaniennes et slaves, et, d'autre part, le culte du soleil se retrouve chez tous les peuples païens. A celle-ci, la réponse est facile : ce qui nous frappe ici, ce n'est

[1] *Ubi supra*, note de la p. 137.

[2] Et spécialement dans la partie de la France qui a le moins éprouvé le contact des Romains et des Germains.

[3] *Ubi supra*, ibid.

pas la propagation du culte solaire en lui-même, c'est l'identité du rite accompli, à une même date solaire, chez des peuples de même race, depuis la mer d'Azof jusqu'au golfe de Galway. Ce n'est là, d'ailleurs, qu'un des mille et mille faits, linguistiques ou autres, qui démontrent d'une manière absolue que la race celtique, aussi bien que les Germains et les Slaves, avait apporté d'Orient et qu'elle *n'a jamais perdu* la connaissance des éléments de la civilisation matérielle et morale : c'est la conclusion incontestable du livre entier de M. Pictet. Quant au nom de *Belen*, retrouvé aussi en Gaule, mais qui peut n'être qu'une épithète, le *doré*, pour signifier le soleil[1], ce n'est point au Bel assyrien que le rapporte M. de Belloguet, mais bien au *Bhâla* sanscrit, un des noms de cet astre dans le plus ancien idiome connu[2] de la race aryenne. M. Pictet, auquel il renvoie, ajoute ici un détail curieux : c'est que l'irlandais a, seul de toutes les langues européennes, conservé plusieurs des noms sanscrits du soleil[3], et parmi eux *Béal*, reproduction exacte et sans nul suffixe du *Bhâla* oriental.

Mais, sans aller si loin, nous pouvons reconnaître la *marche continue* de la *même race*, emportant les traces d'une *même civilisation*, depuis le bassin du Dniéper jusqu'aux rivages de l'Océan[4]. Rien d'invraisemblable en soi à ce que des usages de la vie matérielle se soient conservés chez elle, d'étape en étape, aussi bien que des croyances et

[1] V. Roget de Belloguet, *Ethnogénie gauloise*, t. II, sect. III, § 22.

[2] Avec le bactrien.

[3] *Les Origines indo-européennes*, § 388.

[4] Remarquons, comme réserve d'un bon exemple, que M. de Sacken se refuse (p. 137) à reconnaître des indices d'une religion solaire dans les figures du cercle ou de la roue qui se retrouvent souvent dans l'ornementation de l'âge du bronze. Ce sont, dit-il avec raison, des formes si simples, qu'elles résultent naturellement d'un caprice instinctif du décorateur.

des rites. En fait, ces demi-barbares du Centre et de l'Ouest ont-ils constamment *pratiqué* la métallurgie, l'ont-ils *reçue* des Étrusques, ou bien encore l'ont-ils *retrouvée* depuis leur arrivée en Europe? Ce sont là des questions aussi délicates qu'intéressantes que soulève le docte conservateur du Musée des Antiques de Vienne. Engagés, sur ses pas, dans cette voie pleine d'attrait et de mystère, nous avons reconnu, à l'aide de preuves certaines, le double fait d'une importation méridionale et d'une fabrication locale dans le bassin du Danube supérieur, mais sans être amenés peut-être jusqu'au temps où la race celtique s'y établit : seulement nous allons voir bientôt et nous avons déjà entrevu des motifs solides de croire que l'usage du bronze a été directement apporté dans l'Europe moyenne par des Celtes sinon par eux seuls. Nous avons étudié aussi les plus anciens bronzes de la vallée du Rhône. Voyons maintenant à quelles conclusions il est possible d'arriver en ce qui concerne l'ensemble de la Gaule.

M. Bertrand a intitulé deux des fragments qui composent son livre : *Le bronze dans les pays transalpins*[1]. — *La Gaule et l'Italie ont-elles eu leur âge de bronze*[2]*?* La contradiction entre ces deux titres n'est qu'apparente. L'auteur connaît l'introduction très-ancienne, mais exceptionnelle, du fer parmi les bronzes italiens, et il ne met point en doute la découverte de bronzes étrusques en Bourgogne, en Suisse, en Alsace, en Prusse rhénane, en Belgique[3] : dans le Wurtemberg, la Bavière, l'Istrie, la Croatie, la Styrie, la Moravie et la Hongrie, M. Bertrand n'ose affirmer qu'une certaine *analogie* avec le style étrusque; il étend d'ailleurs cette observation à des pays éloignés du parcours de l'émigration celtique : la

[1] *Archéol. celt. et gaul.*, p. 189-202.
[2] *Ibid.*, p. 203-214.
[3] *Ibid.*, p. 190.

Lithuanie, le Mecklembourg, la Scandinavie[1]. Il reconnaît, d'autre part, qu'il existe, dans les collections archéologiques, des bronzes gaulois de travail barbare, et il combat la pensée du docteur Lindenschmidt et de son école qui attribue au commerce étrusque, phénicien ou grec, l'importation de *tous* les objets de cette nature[2]. M. Bertrand ne pense pas que l'influence grecque ait jamais dépassé, chez les Gaulois, le bassin du Rhône, et il appuie son opinion sur le plus sûr des arguments, le style des objets nombreux qu'on a rencontrés dans les fouilles. A plus forte raison, ajoute-t-il, les Phéniciens et les Étrusques, moins avantageusement placés que les Ioniens de Marseille pour exercer cette influence, n'ont-ils pas dû avoir une grande action sur le développement artistique et industriel de la Gaule centrale ou septentrionale[3]. Il croit donc à une industrie du bronze vraiment nationale chez nous ; seulement, nous le verrons bientôt, il en restreint beaucoup l'importance dans l'histoire générale de notre pays.

A bien plus forte raison encore rejette-t-il la pensée d'une action antique, puissante et continue du commerce phénicien à l'égard des peuples du haut et du moyen Danube, de la Bohême, du Mecklembourg, de la Lithuanie et des presqu'îles scandinaves, mais il est bien loin de nier toute influence orientale. Sa pensée à cet égard m'avait déjà singulièrement frappé quand je l'avais entendu lire cette note à l'Académie des Inscriptions (3 octobre 1873). Elle n'est rien moins, à mon avis, qu'une des idées les plus fécondes de la science moderne ; c'est la réponse à la grande question posée par M. de Sacken et que je rappelais tout-à-l'heure.

« Il s'agit, dit M. Bertrand, dans la préface de ce mor-

[1] *Archéol. celt. et gaul.*, p. 191 — Et aussi le Hanovre, où des bronzes étrusques pourraient être venus par la Gaule.

[2] *Archéol. celt. et gaul.*, p. 151.

[3] *Ibid.*, p. 192.

ceau[1], de savoir si, *en dehors du monde classique*, il a existé, oui ou non, *dès l'antiquité la plus reculée*, une *civilisation*, autre sans doute, mais à bien des égards très-développée, qui a fait sentir son influence sur une *étendue de pays presque égale au monde connu des anciens*. Or, l'existence de ce monde nouveau, *civilisé à sa manière*, *ne paraît plus contestable*. La civilisation qu'il représente, bien que plongeant, comme la civilisation classique, ses *principales racines* en Orient, n'a que de très-lointains rapports avec l'art hellénique ou étrusque, et tout au plus dans la mesure de parenté qui unit entre eux les divers idiomes indo-germaniques. » Et dans la préface de son livre[2], l'auteur, indiquant à l'avance l'*unité* de cette civilisation étrangère aux données classiques, écrivait ces mots : « Les palafittes des lacs de Genève, de Neuchâtel, de Bienne et du Bourget semblent, à considérer la similitude seule des objets, une colonie scandinave. Les armes ont la même dimension, la même forme, les mêmes poignées étroites et souvent à antennes. Les bijoux ont les mêmes motifs de décoration, les couteaux la même forme. La Suisse est même, sous ce rapport, beaucoup plus près du Danemark que la Hongrie. L'or y est seulement moins abondant ; on s'aperçoit que ces populations ne sont plus à portée de l'Oural. »

En présence de cette immense et magnifique question, le devoir du critique est tout tracé. Il résulte manifestement de l'importance et de la nouveauté des aperçus une nécessité pour la science de les répandre le plus promptement et le plus largement possible, avec les moyens d'en mesurer la valeur ; il nous faut, par conséquent, analyser scrupuleusement ce court travail, en citer fréquemment le texte, puis rechercher tout

[1] *Archéol. celt. et gaul.*, p. 189. — Voy. aussi les p. XX-XXIV de la préface du volume.

[2] Page XX.

ce qui permettra d'en critiquer ou d'en confirmer les aperçus.

« Un des grands arguments des partisans de la thèse *phœnico* ou *grèco-tyrrhénienne*, dit l'auteur, est la perfection de quelques-uns des bronzes recueillis dans les stations ou sous les monuments les plus incontestablement anciens des contrées dont il s'agit. Ce n'est donc pas, dit-on, chez ces peuples que cette industrie est née... Or..., d'où ces objets viendraient-ils, sinon du foyer de toute civilisation, du bassin de la Méditerranée, de Sidon, de Tyr, de Chypre, d'Adria, de Populonia ou de Marseille... Mais... soutenir que le problème n'a que deux solutions possibles, la solution du bronze indigène et la solution phœnico-étrusque, est une erreur évidente. En dehors de la Phénicie, de la Grèce et de l'Étrurie, existaient, dans l'antiquité, plusieurs grands centres de civilisation qu'il est plus que permis d'interroger, qu'il faut interroger avant tout... Je veux parler des vastes contrées dont le Caucase est comme la tête[1]. » L'auteur rappelle alors que les Grecs attribuaient aux peuples de l'Asie-Mineure la première exploitation du fer et du bronze; que « Strabon indique comme un des centres métallurgiques les plus anciens le pays des Chalybes, dont Homère vantait déjà les mines d'argent; » qu'Ézéchiel signale le commerce des vases d'airain envoyés à Tyr par Tubal et Mosoch, c'est-à-dire par des peuples voisins du Caucase[2], et il ajoute : « Jetez mainte-

[1] *Archéol. celt. et gaul.*, p. 192-3.

[2] Les Tibaréniens et les Moschiens des Grecs, dans le voisinage des Chalybes. Voyez Hérodote, III, 94, et, pour la topographie, Strabon, XII, 3. Le savant géographe, né lui-même dans le Pont, place le peuple tibarénien dans la région montagneuse qui domine la côte de Trébizonde, et il dit que les monts Moschiques dominent la Colchide, c'est-à-dire qu'il les identifie soit avec la chaîne du Kolova et du Perenga, soit avec celle du Tholgom et de l'Arsian, un peu au Sud-Est, soit avec toutes les deux ensemble. Mais la grande inscription historique de Téglatphalasar Ier, vers le XIIe siècle avant

nant un regard sur une carte du monde connu des anciens. Demandez-vous quelle est la route la plus courte, la plus naturelle, du pays des Chalybes ou des montagnes de la Phrygie, soit aux bords de la Baltique, soit au pied des Alpes; vous reconnaîtrez sans peine que c'est la vallée du Danube d'un côté, les vallées du Dniéper et de la Vistule de l'autre. M. A. Maury a signalé depuis longtemps, dans un cours malheureusement non publié, ces deux grandes voies de commerce entre l'Asie et l'Europe, suivies par toutes les migrations de peuples depuis les temps les plus reculés. De nouvelles découvertes confirment chaque jour l'exactitude de ces idées [1]. »

La date du xe *siècle au moins* avant notre ère, que l'auteur indique sommairement comme étant celle de la première introduction dans diverses régions de l'Europe occidentale des armes, bijoux et ustensiles de bronze [2], n'est pas contradictoire avec le résultat auquel nous ont conduit les fouilles de Hallstatt; l'idée générale de M. Bertrand est d'ailleurs en parfait accord avec celle de M. de Sacken, qui reconnaît l'origine asiatique de l'industrie du bronze et même des motifs d'ornementation adoptés par les peuples de l'Europe moyenne; seulement, l'auteur allemand incline à croire que leurs relations avec les peuples de la Méditerranée ne furent jamais complètement interrompues [3]. Mais M. Ber-

notre ère, traduite par M. Oppert dans les *Annales de Philosophie chrétienne* (mars et avril 1865), nous apprend que les Muskaya (Mosques) vivaient alors dans un pays peu éloigné des sources du Tigre, probablement dans la Moxoène des Grecs, au Sud du lac de Van, pays auquel ils auraient laissé leur nom avec une légère métathèse. Il est à croire qu'à cette époque ancienne ils s'étendaient sur un pays assez étendu, puisque la Genèse les indique comme une des souches primitives de la population japhétique.

[1] *Archéol. celt. et gaul.*, p. 194.

[2] *Ibid.*, p. 195.

[3] *Das Grabfeld von Hallstatt*, p. 140.

trand, mettant à part les objets d'importation méridionale et probablement moins ancienne, s'attache à suivre la trace de l'ornementation spéciale aux régions indiquées par lui, et il ajoute : « Ces divers objets ont un cachet évident d'origine commune, à côté de différences également sensibles, comme seraient les variétés d'une même plante acclimatée dans des contrées diverses ; — l'ornementation de ces objets, qui n'admet que des lignes géométriques, à l'exclusion de toute représentation d'être animé ou même de plante, indique qu'ils venaient tous d'un même centre, ou que les pays où on les trouve pratiquaient des religions analogues... Cette situation est tout à fait analogue à celle qu'offre l'ensemble des langues indo-européennes, qui se montrent de même à nous, en Europe, avec tant de variétés ressortant sur un fond général uniforme[1]. »

L'auteur fait ensuite ressortir aux yeux mêmes du lecteur, par des rapprochements de dessins, la ressemblance d'ornementation entre des colliers trouvés en Lithuanie et en Suisse, entre des épées de Suisse et de Suède, comme de France et d'Irlande, entre des poignards de France et du Mecklembourg[2]. Or, ajoute-t-il, « de même que les dialectes les plus anciens sont ceux qui ont entre eux le plus d'éléments communs, on entrevoit que ce sont les bronzes des époques les plus reculées qui nous montrent les plus frappantes ressemblances et aux distances les plus grandes, comme étant plus rapprochés de la source commune ; » tandis que l'art étrusque, soit hellénisé, soit romanisé, ne ressemble en rien aux antiquités irlandaises, scandinaves ou lithuaniennes ; et là même où l'on peut reconnaître une analogie avec l'art étrusque, dans le bassin du Danube et le voisinage de l'Adriatique, elle est

[1] *Archéol. celt. et gaul.*, p. 195.

[2] *Ibid.*, p. 196-9.

d'autant moins sensible que l'époque est moins ancienne[1]. Il invoque même, à l'appui de ce sentiment sur l'existence de l'art transalpin et son origine orientale, l'opinion de M. Conestabile, l'archéologue éminent de l'Étrurie[2].

En même temps que M. Bertrand lisait cette note à l'Institut, M. François Lenormant achevait la rédaction ou commençait l'impression de ses *Premières civilisations, études d'histoire et d'archéologie*, ouvrage dans lequel il fait ressortir[3] une pensée du baron d'Eckstein, dont le rapprochement avec les lignes précédentes est digne d'un vif intérêt. Tous les peuples aryens, disait le savant danois, depuis les Hindous jusqu'aux Celtes, en passant par les Germains, ont attribué l'invention de la métallurgie à des êtres surnaturels, différents de leurs divinités nationales et quelquefois même considérés comme malfaisants, tandis que ces deux derniers caractères ne se retrouvent plus, quant aux génies inventeurs de cet art, dans les

[1] *Archéol. celt. et gaul.*, p. 200.

[2] *Ibid.*, p. 201. — La ressemblance avec les types communs originaires ne paraît pas avoir subsisté longtemps dans la Suisse actuelle. Si, en effet, M. Édouard Flouest, analysant, dans les *Matériaux pour l'histoire naturelle et primitive de l'homme* (1875, p. 254), le *Bel âge du bronze lacustre en Suisse*, de M. Desor, y signale des armes du type primitif qui a prévalu en Europe pendant des siècles, il signale aussi (p. 266-7) le défaut *ordinaire*, quoique non universel, de ressemblance entre les épées de ces dépôts et celles qui se retrouvent uniformément et en Autriche, et en Allemagne, et en Italie, et en Danemark. La fabrication locale fut d'ailleurs restreinte, dans la Suisse lacustre, aux objets les plus simples (p. 254); d'autres paraissent à l'auteur appartenir aux types de Villanova et Golasecca. Dans le fascicule précédent, M. Montelius, exagérant peut-être la pensée énoncée plus haut, nous dit (*ibid.*, p. 233) que « les antiquités de l'âge du bronze trouvées en *Hongrie* et dans les pays avoisinants *ressemblent à un haut degré* à celles du *commencement de l'âge de bronze dans la Scandinavie*, tandis que *ce n'est pas le cas* des antiquités provenant de l'*Europe occidentale.* » — Cf. 1876, p. 451.

[3] T. I, p. 139-41 ; cf. 115. — Il mentionne la note de M. Bertrand dans une note de la p. 157.

traditions des peuples appelés Touraniens. Il y a là une indication aussi vague que l'on voudra, mais probable, d'un emprunt de cette industrie fait ou renouvelé par les Aryens à une race étrangère. Mais, en ce qui concerne spécialement le bronze, la géographie est bien autrement décisive. La fabrication de cet alliage exigeait, nous l'avons vu, des relations directes ou indirectes, mais permanentes, avec une contrée renfermant des mines d'étain, puisque l'emploi du zinc pour cet usage n'existait pas durant ces temps reculés, ainsi que le démontre l'analyse des bronzes antiques[1]. Mais, comme les gisements d'étain sont fort rares en Europe et ne s'y trouvent guère que dans l'extrême Occident, comme des relations avec les îles Sorlingues ne peuvent pas être supposées, lors de l'arrivée des migrations aryennes dans les bassins du Dniéper et du Danube, il faut admettre que Celtes, Lithuaniens et Scandinaves avaient conservé des relations commerciales avec une région asiatique, au temps de leurs plus anciens bronzes, et qu'ils étaient encore, comme le témoigne d'ailleurs l'identité d'ornementation, sous l'influence d'une commune impulsion dans l'exercice de cette métallurgie; il fallait donc que cet exercice eût subsisté sans interruption depuis leur séparation. C'était donc la civilisation de l'âge du bronze qu'ils *apportaient* avec eux. Seulement, il est très-douteux que la fabrication même de cet alliage fût alors l'œuvre des peuples européens; ils le tiraient plutôt d'Asie tout fait, soit ouvré, soit en lingots; les *noms* germaniques, celtiques, lithuaniens et polonais de l'*étain* n'ont rien de commun avec ses dénominations asia-

[1] Voy. Fellenberg, cité par M. Desor (*ubi supra*, p. 72). M. de Rougemont (*ubi supra*, p. 165) dit que la plus ancienne trace connue de l'emploi du zinc en Grèce remonte au VIe siècle; mais M. de Fellenberg ne reporte qu'au IIIe, postérieurement à la mort d'Alexandre, le plus ancien usage de la cadmie naturelle (alliage de cadmium avec l'oxyde de zinc) pour la formation d'un composé du cuivre.

tiques [1], tandis qu'un nom sanscrit de l'*airain* se retrouve en irlandais, et qu'une même racine verbale (*bhrâs*, luire) a pour dérivés des noms de l'airain, en scandinave, en anglo-saxon, en anglais, en irlandais, en cymrique et même en français, M. Pictet pensant, avec toute vraisemblance, que *bronze* vient du cymrique *prês* [2].

Quel était ce centre asiatique de la fabrication du bronze, pour les anciens peuples de l'Europe moyenne et septentrionale? M. de Rougemont [3] signale l'existence d'un gisement d'étain dans le district de Bamian, au milieu de l'Hindou-Kosch, l'ancien Paropamisus; et il rappelle que Strabon (XVI, 2) constate l'existence de ce métal dans la même contrée. Là fut sans doute exploité l'étain servant à fabriquer le bronze dans la patrie commune des vieux Aryas, dans la région voisine du plateau de Pamir. Il serait bien téméraire de dire qu'il fût exporté de si loin vers le Dniéper et le Danube; mais il n'y a rien que de vraisemblable à penser, comme M. Bertrand, que le centre de cette exportation était au pied du Caucase, quand M. de Rougemont nous assure [4] que la Géorgie contient des mines d'*étain*, ainsi que d'or, d'argent, de fer et de *cuivre*. Il pense même (p. 171) trouver une trace du séjour d'émigrés aryens dans ce pays, une preuve de ce fait qu'une de leurs tribus s'y serait arrêtée pendant la marche, quand il dit que les descendants de Tubal parlent,

[1] Pictet, § 25.

[2] *Ibid.*, § 24.

[3] *L'âge du bronze*, p. 86.

[4] *Ibid.*, p. 87; cf. 168 et 170-1. — L'auteur ajoute, un peu plus loin (p. 176) : « La *route du Danube* nous expliquerait comment, pendant l'âge du bronze, l'art de réduire le métal en lames au moyen de cylindres était *à la fois* connu sur les rives de nos *lacs romands* et en Crimée. » Mais je n'ai pu retrouver ni dans Pictet, ni dans Bœtticher (*Arica*) ce que M. de Rougemont dit de l'étain : que son nom ibérien (*osséthe?*) s'est répandu au loin.

dans le Lazistan, une langue voisine du géorgien, qui est, dit-il, une langue aryenne. Il est vrai que le Tubal et le Mosoch bibliques sont issus de Japhet, comme les Aryens; il est vrai encore que la langue caucasique nommée *ossèthe* est reconnue pour aryenne. C'est donc sur un fait réel et important pour la présente question que M. de Rougemont appelle ici l'attention du lecteur; seulement il en exagère les termes. Le géorgien proprement dit est une langue à part, quoique son vocabulaire contienne beaucoup de mots d'origine aryenne, et tel était déjà le cas de la langue parlée en Arménie, avant l'arrivée peu ancienne des Arméniens proprement dits, par la population que M. François Lenormant nomme Alarodienne, et que l'arrivée des nouveaux envahisseurs refoula vers la Géorgie et le Lazistan. C'est ce qu'il expose dans la deuxième de ses *Lettres assyriologiques* [1], et ce qui peut nous suffire ici. Nous en conclurons, en effet, que cette région a été réellement le séjour antique de populations aryennes, dont les sœurs, connues sous les noms de tribus moschienne et tibarénienne, y ont, comme nous l'avons vu, fixé leur demeure et se sont appliquées à l'exploitation des métaux, peut-être d'après les leçons données par les premiers habitants du pays, tandis que la chasse, la guerre, l'amour des aventures entraînaient vers l'Occident Slaves et Lithuaniens, Germains et Celtes; mais ils conservaient avec ceux-là, grâce à la communauté originaire du langage, et à une parenté non encore oubliée, les relations commerciales dont les émigrants ne pouvaient méconnaître la nécessité, puisqu'ils étaient accoutumés à l'usage du bronze, et qu'il leur était alors *impossible* de le fabriquer dans leurs nouvelles patries, où l'étain n'existait pas [2]. Graduellement échelonnés

[1] T. I, p. 127-9.

[2] M. de Mortillet (*Origine du bronze*, p. 6) fait observer que, si le minerai d'étain existe dans la Saxe et la Bohême, c'est presque toujours à l'état de

le long des grands fleuves de l'Europe occidentale, qui leur offraient une route facile, non-seulement de migration, mais de commerce, les nouveaux habitants du continent européen entretenaient avec la côte Sud de la mer Noire des relations permanentes, directes pour les habitants des bouches du Danube et du Dniéper, indirectes pour les autres, mais par l'intermédiaire de peuples d'une même race et d'idiomes voisins. Ce commerce des métaux était incomparablement plus utile que celui de l'ambre, dont pourtant l'existence aux temps préhistoriques de l'Europe centrale a laissé des traces incontestées; et qui sait si des relations incessantes de cette nature n'ont pas contribué grandement à maintenir, dans le cours des siècles, la parenté si prochaine des idiomes slaves avec le lithuanien, pour le bassin du Dniéper, et, pour les bassins du Danube, de l'Oder et de la Baltique, la parenté non moins étroite des idiomes germaniques et scandinaves.

CHAPITRE VI

L'AGE DU BRONZE & DE LA PIERRE POLIE DANS LA GAULE OCCIDENTALE, CENTRALE & SEPTENTRIONALE.

L'assemblage des deux parties de ce titre devra paraître un paradoxe à ceux qui n'ont encore appris à connaître l'ar-

minerai de roche, dont l'exploitation était alors presque impossible, tandis que, dans le Cornouaille anglais, on le rencontre souvent désagrégé dans des alluvions. Il est complètement favorable à l'origine asiatique des plus vieux bronzes de nos contrées et va jusqu'à reporter dans l'Inde le centre de cette exploitation, faisant observer que les poignées indiennes et certaines antiquités bouddhistes sont les seuls similaires orientaux des petites poignées de l'âge du bronze et d'instruments à anneaux mobiles trouvés dans des stations lacustres de la Suisse et de la Savoie (p. 8-9, 12-15).

chéologie préhistorique que par les assertions gratuites admises à circuler dans le monde sous le nom de principes de cette science. Pourtant, je n'ai fait, en l'écrivant, qu'indiquer les conclusions de M. Bertrand dans son fragment intitulé : *De l'expression : âge de bronze, appliquée à la Gaule*, communication au Congrès de Stockholm, qui forme les pages 206-14 de l'*Archéologie celtique et gauloise*. J'ai déjà parlé des premières pages de cette note en rendant compte d'une étude de M. Chantre sur les bronzes de la vallée du Rhône; je me bornerai donc ici à la question capitale de l'union ou de la séparation, chez nos ancêtres, de l'emploi de la pierre et de l'emploi du métal.

La pensée de l'auteur, dans le paragraphe en question, est, en effet, surtout de combattre un préjugé très-répandu et très-funeste au progrès de la véritable science, le préjugé qui suppose que les âges de la pierre, du bronze et du fer se sont produits spontanément et suivant un ordre fatal, dans le genre humain en général et dans chaque pays en particulier. Bien au contraire, en Grèce, en Italie, et, nous l'avons vu, dans la vallée du Danube, l'usage du fer a été successivement répandu par des migrations venues de l'Orient[1]; nulle part, au Sud du Danube, on n'a trouvé la *preuve* qu'une contrée tant soit peu étendue ait jamais connu et généralement employé le bronze à l'exclusion *absolue* du fer[2], tandis que dans les contrées du Nord et de l'Ouest de l'Europe l'usage du fer a été inconnu ou repoussé jusqu'à des temps très-voisins de l'ère chrétienne[3]. Qu'un âge du bronze proprement dit ait existé chez les Scandinaves, cela n'est pas

[1] *Arch. celt. et gaul.*, p. 209-11.

[2] On ne trouve pas de fer dans la partie inférieure des Terramares (*ibid.*, 210); mais on ne peut tirer d'un si petit nombre de faits négatifs une conclusion générale.

[3] *Ibid.*, p. 211-12.

contesté; mais il n'en est pas de même pour la Gaule, où, malgré la connaissance et l'usage du bronze, l'usage des instruments de pierre a subsisté jusqu'à l'époque, peu antérieure à notre ère, où le fer y a *supplanté* le bronze, sinon même encore par-delà.

« La période du bronze, à supposer qu'il y en ait eu une, disait M. Bertrand dans sa préface[1], n'a donc été ni longue ni générale en Gaule... Une couche indigène d'origine inconnue, au-dessus de laquelle se sont superposées les tribus, de type septentrional, selon toute probabilité[2], qui enterraient leurs chefs sous les dolmens, tel paraît avoir été, en Gaule, jusqu'à l'arrivée des bandes armées de l'épée de fer, le *substratum* humain. Il ne faut faire exception que pour les contrées qui furent plus tard l'Helvétie et la Narbonnaise, où des groupes plus civilisés s'étaient établis de bonne heure. Ces groupes paraissent avoir fourni, en France, une aristocratie restreinte..... En somme, l'*époque de transition* séparant, en Gaule, l'âge de la pierre polie de l'âge définitif du fer, deux âges très-nettement caractérisés par un ensemble de faits archéologiques incontestable, est à la fois *très-obscure*, mal définie, mal limitée. »

Quelle était cette civilisation antique de la Gaule, civilisation antérieure à l'arrivée dans le Sud-Est des tribus auxquelles M. Bertrand réserve spécialement le nom de celtiques, et qui, durant des siècles, y ont vécu, à côté des anciens habitants? La réponse très-incomplète, il est vrai, mais non pas incertaine et confuse, à cette question d'un si vif intérêt pour nous, puisqu'il s'agit de nos ancêtres, sera fournie surtout par une cinquantaine de pages[3] du livre de M. Bertrand,

[1] Page XXIII-IV de l'*Arch. celt. et gaul.*

[2] Nous examinerons ce dernier point dans l'Appendice.

[3] *Arch. celt. et gaul.*, p. 82-131.

intitulées : *Monuments dits celtiques*. Elles contiennent les conclusions d'un Mémoire couronné en 1862 par l'Académie des Inscriptions, et entré presque tout entier [1] dans divers articles du *Dictionnaire d'Archéologie* (époque celtique), que publie la *Commission de la topographie des Gaules*. Il convient d'ajouter à ce paragraphe ceux qui ont pour titres : *De la distribution des dolmens sur la surface de la France* [2], et : *Un mot sur l'origine des dolmens et allées couvertes* [3]. La question qui nous occupe en ce moment est là en partie résolue par le résumé de faits positifs presque innombrables, qui ont enfin permis à la science de sortir du domaine des conjectures, d'écarter définitivement des hypothèses téméraires ou même insoutenables, qui avaient usurpé son nom pour créer de toutes pièces une *archéologie celtique imaginaire*. Déblayer un pareil terrain, c'était certes beaucoup déjà, mais M. Bertrand a commencé à y construire. Il y a tracé les grandes lignes d'une *archéologie véritable*, méritant le nom d'histoire dans le sens large qu'on attribue maintenant à ce mot.

Néanmoins, il n'y a pas lieu pour nous, du moins en ce moment, d'étudier l'ensemble de ce travail. Ce que nous nous proposons dans le présent paragraphe, c'est de reconnaître, sur notre territoire, la transition de la pierre au bronze : les sépultures seules doivent nous fournir ici les éléments d'une réponse. Nous ne parlerons donc pas des menhirs isolés, puisqu'on n'a jusqu'ici trouvé à leurs pieds ni débris humains ni instruments de métal ou de pierre. Si quelques-uns, comme il est probable, furent élevés en mémoire de morts illustres, on ne peut, en général, les distinguer des bornes de propriétés ou des blocs erratiques [4]. Mais, au con-

[1] *Arch. celt. et gaul.*, note des pages 82-3.
[2] *Ibid.*, p. 132-64.
[3] *Ibid.*, p. 175-81.
[4] *Ibid.*, p. 84.

traire, les *dolmens*, auxquels d'ailleurs sont quelquefois associés des menhirs, furent généralement, sinon universellement des *tombeaux*, et ces tombeaux caractérisent par leur contenu la civilisation de leur époque.

« Sous les dolmens non violés autrefois et demeurés intacts jusqu'à nos jours, disait l'auteur[1], les instruments de *pierre* dominent; le *bronze* est très-rare; le *fer* n'apparaît jamais. » Il ajoute, il est vrai, en note (1er février 1876) : « Depuis cette époque, *quelques* faits nouveaux portent à croire que cette affirmation est *trop absolue*. » Mais ceci n'a point d'importance pour la question de l'ensemble. Que cinq ou six sépultures de l'âge des dolmens aient ou non contenu des objets en fer, cela ne peut indiquer que des actes isolés de volonté individuelle, puisqu'il est certain que le fer était *connu* dans la vallée du Rhône à l'époque où l'usage habituel du bronze se répandit sur cette frontière. Plus loin[2], M. Bertrand disait encore : « Les objets déposés sous les dolmens *avec les squelettes*[3] sont, en grande majorité, des armes et ustensiles en silex; le bronze y apparaît rarement, l'or à peine, le fer jamais. C'est l'indice d'un état social tout à fait primitif et bien inférieur à celui que nous dépeignent les récits des Grecs et des Romains, en nous parlant des Celtes et des Gaulois. » Aussi regarde-t-il l'âge des dolmens comme antérieur aux temps celtiques, du moins dans le sens qu'il donne à ce dernier mot, mais cette conclusion ne signifie pas du tout qu'il les reporte à une antiquité bien haute.

Les *tumulus* isolés ou agglomérés sont aussi, le plus souvent, des sépultures, mais avec cette distinction que les tumulus isolés, aussi bien que les dolmens qu'ils recouvrent

[1] *Archéol. celt. et gaul.*, p. 85.

[2] A la p. 107.

[3] Les corps placés sous les dolmens n'étaient pas brûlés. — *Ibid.*

quelquefois, sont rencontrés surtout dans la région Ouest et Nord-Ouest de la Gaule, celle qui nous occupe en ce moment. Ils contiennent généralement des galeries et des chambres, et la proportion des substances composant les objets qui s'y trouvent enfouis diffère très-notablement de celles que nous présentaient les dolmens apparents. Les tumulus contiennent plus d'objets en bronze que d'instruments de pierre (2/5 seulement pour ceux-ci); le fer s'y montre, quoique dans une faible proportion[1]. Dans l'Ouest comme dans l'Est, l'incinération est l'exception et l'inhumation la règle pour les sépultures recouvertes par des tumulus[2].

Trois conclusions d'une importance extrême résultent directement de ces faits : 1° la connaissance et même l'usage du bronze coexistent, au temps des dolmens, avec l'usage dominant des instruments de pierre; 2° le même fait existe au temps des sépultures sous tumulus, mais avec des proportions tout autres, quoique ce ne soit pas une proportion inverse, puisque les tumulus contiennent encore 40 % d'objets en pierre, et que ce chiffre est fort loin d'être atteint par le bronze des dolmens; 3° de cette différence résultent logiquement une différence de temps et même une distinction ethnographique, puisqu'on ne remarque pas de transition insensible entre l'une et l'autre espèce de dépôts, comme elle aurait dû se produire dans le cas d'un simple progrès. C'est ce que l'auteur exprime en disant : « Les dolmens sont préceltiques; les tumulus sont celtiques[3]. » En d'autres termes, le genre de civilisation qui dominait à Villanova, à Golasecca, dans la vallée du Rhône et dans certaines habitations

[1] *Arch. celt. et gaul.*, p. 85 et 109.
[2] *Ibid.*, p. 86.
[3] *Ibid.*, p. 88.

lacustres de cette dernière région a pénétré tardivement, péniblement, imparfaitement dans la Gaule centrale et occidentale, où se trouvait une population compacte, en possession d'une civilisation tout à fait distincte et appuyée sur un ensemble de graves enseignements religieux, le système des druides, reconnu pour immémorial par les habitants du pays, et profondément enraciné dans leurs mœurs publiques et privées, tandis qu'il était ignoré des Gaulois à l'Est du Rhin. Les Celtes de M. Bertrand ont pu dominer la Gaule entière et y former cette classe des nobles que décrit César, mais ils n'en ont certainement pas renouvelé la population, qui leur a, paraît-il, communiqué ses croyances; ils lui ont apporté l'usage, mais non pas à beaucoup près l'usage exclusif du bronze (le fer, ou tout au moins l'usage commun du fer, n'étant arrivé que par les Gaulois proprement dits). Cet usage du bronze, les Celtes nouveaux venus semblent l'avoir plus encore conservé que communiqué à l'ancienne population, puisque les *tumulus*, sous lesquels on le rencontre en proportions considérables, ne peuvent avoir été que des sépultures aristocratiques.

De tout ceci il résulte que, jusqu'à un temps voisin de Jules César, les instruments de pierre furent d'un usage habituel dans la moitié occidentale de la Gaule, sinon dans les deux tiers; je pourrais et devrais même dire que l'usage en était dominant, car si le bronze l'emporte dans une *faible proportion* seulement, en ce qui concerne le *mobilier des chefs* ensevelis sous les tumulus, la conséquence naturelle est que *l'usage des métaux* était *exceptionnel* encore pour la masse de la population, pour les descendants des anciens indigènes, lesquels, d'ailleurs, ont sans nul doute conservé pour eux-mêmes l'usage des sépultures sous dolmens [1]. La simultanéité

[1] Voy. le paragraphe suivant.

des dolmens et des tumulus isolés de l'Ouest résulte d'ailleurs, ce semble, du fait signalé plus haut que, si ces tumulus renferment souvent des galeries et chambres funéraires, ils recouvrent quelquefois de simples dolmens. Ce seront, si l'on veut, les tombeaux des membres d'une seconde aristocratie, appartenant à la race vaincue.

A ce point de vue, nulle partie de la France peut-être n'offre plus d'intérêt à l'archéologue que celle qui a formé les départements du Lot, de l'Aveyron et de la Lozère. Ces départements ne contiennent pas, à eux trois, moins d'un millier de dolmens [1], et, pour l'*Aveyron* en particulier, des faits d'un extrême intérêt ont été produits aux Congrès de Paris et de Norwich, entre la rédaction du Mémoire de M. Bertrand (1861) et la publication de son volume. Dans le Congrès de 1867, en effet, M. E. de Cartailhac, en signalant le nombre considérable de monuments en pierre brute que présentent ce département et les départements voisins [2], ajoutait d'abord, pour en faire connaître le caractère, que les dolmens de l'Aveyron, quelquefois, mais non toujours recouverts d'un tumulus, paraissent avoir été des sépultures de famille, puisqu'on a souvent trouvé, sous un seul d'entre eux, une vingtaine de squelettes, hommes, femmes et enfants; que les haches en pierre polie, bien que fréquemment rencontrées dans ce pays, et spécialement dans les cavernes, n'y sont presque jamais découvertes dans les sépultures, mais bien des pointes en silex finement taillées et barbelées; que des corps incinérés s'y trouvent, quoique à l'état d'exception; que les ossements d'espèces émigrées y manquent absolument, et que le *métal* constitue la matière de près d'un cin-

[1] Voyez la pl. IV du volume de M. Bertrand.

[2] *Ibid.*, et *Congrès de Paris*, p. 170-9. — Ceux que j'ai nommés, car il y a peu de dolmens dans le Cantal.

quième des objets trouvés sous ces *dolmens*. Puis il insistait avec grande raison sur ce fait, si grave pour l'étude des temps de transition auxquels nous ramenaient assez manifestement les observations précédentes : « Ce métal est du bronze, dit-il. Encore rare et précieux, il n'est employé que pour des bijoux à peu près exclusivement, et la plupart de ces pièces copient exactement les perles rondes et longues des pendeloques en pierre, à un point qui ne peut laisser aucun doute sur le fait que les *hommes des dolmens*, à l'apogée de l'industrie de la pierre polie, font pour la première fois usage du bronze, qu'ils n'avaient pas d'ailleurs inventé. Si l'on veut tenir compte de l'impossibilité de trouver du premier coup l'alliage; si l'on remarque la *perfection* de certains anneaux, bracelets ornés de spirales et double hélice... on ne peut douter que la multitude n'ait, à ce moment, *reçu* le bronze d'un peuple qui lui *envoyait* des lingots et ses propres produits..... Tout semble attester la lenteur avec laquelle la pierre a fait place au métal[1]. » C'est à la race aryenne que l'auteur attribue la transmission du bronze à nos contrées occidentales; il ne paraît pas croire que les hommes des dolmens lui aient eux-mêmes appartenu[2].

Un an plus tard, à Norwich, M. E. de Cartailhac revenait sur ce sujet avec des preuves nouvelles. Un dolmen sous tumulus de l'Aveyron, fouillé par M. l'abbé Cérès, avait donné des ossements brûlés, des fragments d'anneaux en bronze et des grains de collier en fer, posés sur la table même, tandis que, dans l'intérieur du dolmen, tous les objets étaient en pierre[3]. Dans un autre tombeau, fouillé aussi par M. Cérès, « on trouva *pêle-mêle* des *pointes en silex*, quelques morceaux de bois de cerf, travaillés au moyen d'un instrument

[1] *Congrès de Paris*, p. 185-90.
[2] *Ibid.*, p. 192.
[3] *Congrès de Norwich*, p. 354.

tranchant, des tessons de poterie grossière, quatre *morceaux de fer*... et une centaine de grains de collier en calcaire, jais, coquille, os, bronze et fer... Ce fait est fort important, ajoute M. de Cartailhac, et, s'il était admis sans contestation[1], il faudrait presque renoncer à l'âge du bronze dans notre Aveyron, puisque les hommes des *dolmens* y auraient vu l'aurore, non-seulement de l'âge du bronze, mais encore, peu de temps après, de l'âge du fer. Il est de fait que les objets en bronze sont extrêmement rares chez nous, et que les musées en possèdent bien peu[2]. »

On le voit, des observations faites dans une des régions les plus abondantes en dolmens préludaient par des conclusions locales à celles de M. Bertrand. Mais est-il possible d'aller plus loin et d'atteindre ici, au moins comme limites, des dates chronologiques absolues? Ni M. de Cartailhac, ni M. Bertrand ne l'auraient osé encore au printemps de 1876; nous paraissons devoir être plus heureux aujourd'hui, grâce à la découverte de M. Kerviler, que l'auteur de l'*Archéologie celtique* me signalait un mois ou deux après la publication de son volume, et dont l'importance le frappa davantage encore quand il se fut rendu sur les lieux, découvertes que je vais analyser brièvement ici. Je résume les trois articles dans lesquels M. Kerviler lui-même a décrit et interprété cette découverte[3]. Elle a soulevé de vifs débats, dont il est indispensable de bien connaître le point de départ.

[1] Je ne sache pas qu'on en ait jamais élevé aucune. — Voyez d'ailleurs la présence d'armes de bronze et de silex signalée, dans quelques dolmens du même pays, par M. Lalanne (*Matériaux*, etc., 1875, p. 275-6). Cependant l'auteur de la note ne dit pas expressément qu'elles soient mêlées dans les mêmes sépultures.

[2] *Ibid.*, *ibid.*

[3] Dans la *Revue archéol.*, mars, avril et mai 1877.

Le bassin à flot de Saint-Nazaire, qui fut créé il y a vingt-cinq ans, enferme par une digue une anse de la Loire, immédiatement au-dessus de la ville. Les travaux faits en cet endroit pour enlever les alluvions vaseuses n'avaient donné lieu à aucune découverte intéressante; mais pour le bassin de Porhoët, compris entre la pointe de ce nom et celle de la Ville-Halluard, qui termine le premier bassin, il n'en a point été de même : des sondages récemment opérés y ont fait reconnaître une ancienne vallée très-profonde à versants rocheux. « En étudiant la direction générale de ces versants rocheux, dit M. Kerviler, je fus bientôt très-frappé de voir qu'elle correspondait à peu près exactement avec celle de la petite rivière du Brivet... qui, par un caprice bizarre, se détourne brusquement à quelques kilomètres de Saint-Nazaire, pour revenir presque sur ses pas et se jeter en Loire près du village de Méans. J'eus aussitôt la pensée que cette brusque déviation du Brivet ne devait être qu'un accident... Les sondages minutieux nécessaires aux travaux ne tardèrent pas à venir confirmer mes prévisions. Je reconnus, en effet, que les deux versants rocheux ne se rencontrent qu'à un niveau inférieur de 30 mètres à celui des basses mers... tandis que le Brivet actuel coule aujourd'hui à Méans sur un lit rocheux dont le niveau est à peu près celui des basses mers. » Les eaux de la rivière n'ont donc, selon toute apparence, été reportées par dessus cette espèce de seuil que par un long envasement. Toute espèce de doute a disparu, d'ailleurs, quand, par le forage d'un puits artésien, on a retrouvé, dans son lit aujourd'hui comblé, les eaux de l'ancien Brivet, le niveau de ce puits étant supérieur à celui des hautes mers et se trouvant ainsi formé par la pression d'eaux supérieures [1].

[1] Kerviler, *Revue archéol.*, mars 1877, § I.

C'était à cette embouchure que se trouvait le *Brivates portus* des anciens[1].

C'est dans cet ancien lit, au fond du nouveau bassin de Porhoët, qu'on a trouvé des débris du plus puissant intérêt, et qu'on les a trouvés, circonstance *capitale* en ce qui concerne la *chronologie* soit absolue, soit relative des antiquités, dans des *dépôts si parfaitement réguliers* qu'il est impossible de supposer un remaniement, un éboulement, un déplacement quelconque des couches d'alluvion et des antiquités elles-mêmes. Voici maintenant quelles sont, avec quelques crânes trouvés à la fin de 1874 et présentant des caractères analogues à ceux des crânes trouvés dans les dolmens de la France septentrionale[2], les antiquités trouvées à quatre mètres en contre-bas de la basse mer :

1° Deux *épées de bronze* à deux tranchants et à léger renflement, ressemblant beaucoup à celles des *cités lacustres* de la Suisse et à celles qu'on a trouvées dans quelques rivières de la Gaule et dans *quelques tumulus;* 2° un poignard, également en bronze; 3° une aiguille *en os;* 4° une douille de hache en *corne de cerf*, avec son manche en bois[3]; « 5° un grand nombre d'andouillers de bois de cerf, tous détachés de la même façon du tronc principal (et par conséquent à dessein) et paraissant avoir servi, les uns de bouts de lance, les autres d'instruments aratoires, socs de petites charrues ou sarcloirs : » comme ils sont fort usés à la pointe, la destination *agricole* est la plus vraisemblable; 6° des poteries fort grossières, avec un très-petit nombre d'objets en pâte plus fine, noire et vernissée en noir; 7° des pierres de mouillage, remplaçant les ancres chez des peuples demi-barbares, les

[1] Kerviler, *Revue archéol.*, mai 1877.

[2] Mars 1877.

[3] Plus d'autres manches trouvés sans leur douille. — Voy. aussi la note de la p. 87 ci-dessous.

Contraste insuffisant
NF Z 43-120-14

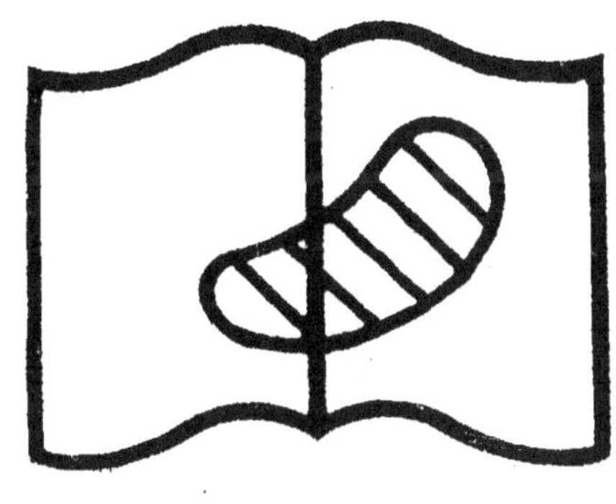

Illisibilité partielle

VALABLE POUR TOUT OU PARTIE DU
DOCUMENT REPRODUIT.

unes cylindriques, en granit du pays, les autres triangulaires, formées d'une roche étrangère à la localité, ayant sans doute appartenu à des navires étrangers, en sorte que cet usage devait être alors répandu sur la côte de l'Océan ; 8° des ossements d'animaux, appartenant tous à la *faune actuelle* de la Gaule, sauf l'*aurochs*, qui vivait encore dans nos forêts *sous les Romains* et même depuis ; 9° enfin, des troncs d'arbres grossièrement équarris[1].

« De tout cela, ajoute M. Kerviler, résulte la présence incontestable, dans ces parages, alors que le fond de la baie était à quatre mètres au-dessous de la basse mer, de peuplades se servant d'objets absolument semblables à ceux qu'on désigne sous le nom de contemporains de l'âge du bronze[2]. » Ajoutons qu'il s'agit bien, on nous le dit ici, du temps des *tumulus* gaulois et du bronze des *cités lacustres*, en d'autres termes, de l'établissement en Gaule du peuple celte proprement dit. C'est donc l'extension de sa domination ou de son influence jusqu'aux bords de l'Atlantique qui est constatée ici ; mais l'usage des douilles non métalliques pour les haches, des instruments aratoires en corne de cerf, et celui des ancres de pierre avait continué à prévaloir. Le métal est connu, il est employé, mais l'usage n'en domine pas : c'est la conclusion que nous ont déjà fournie les fouilles faites dans les dolmens. Maintenant, peut-on savoir à quelle période de la *chronologie historique* appartient cet état de choses, dans notre pays ?

La masse argileuse comprise entre les versants rocheux de cet ancien lit du Brivet est formée, nous l'avons vu, de couches d'alluvions parfaitement stratifiées. Des divisions, distantes de 10 à 20 centimètres l'une de l'autre, et formées

[1] Avril 1877.
[2] *Ibid.*

par des files de coquilles, paraissent au savant ingénieur correspondre aux périodes irrégulières des grandes crues de la Loire, et des couches de sable de 1 à 10 centimètres d'épaisseur, assez éloignées l'une de l'autre, à de grandes et rares perturbations de même nature. « C'est, ajoute-t-il, dans une de ces couches, située à 2^m 50 de hauteur *maxima* au-dessus de la précédente (c'est-à-dire de celle où ont été trouvés les vestiges d'un âge du bronze), et par conséquent à 1^m 50 au-dessous des basses mers, que les ouvriers trouvèrent, au mois d'août dernier (1876), des fragments de *poterie rouge* présentant les caractères incontestables de l'*industrie gallo-romaine*. Des *anses d'amphores* suivirent bientôt, puis de la *poterie brune* à filets creux réguliers, et enfin, pour *fixer exactement la date* de cette couche, un petit bronze assez fruste, mais encore *très-lisible*, de l'*empereur Tetricus*. » D'où il résulte que, dans la seconde moitié du IIIe siècle *après* Jésus-Christ, le fond de la baie était encore à plus d'un mètre en contre-bas des basses mers [1].

Les 6 mètres de vase *régulièrement stratifiée* qui recouvrent ces débris ont donc mis 1,600 ans à se former, ce qui donnerait 37 centimètres et demi par siècle, si la formation avait été uniforme jusqu'à nos jours. En fait, il paraît impossible de nier que le dépôt ait été plus rapide, puisqu'il n'y a plus là de courant et même depuis un temps assez long; mais l'importance de ces calculs réside uniquement dans la mesure du temps écoulé entre le dépôt détaillé ci-dessus et le dépôt gallo-romain, mesure qui, comme le dit l'auteur, permet de trouver enfin un de ces chronomètres naturels dont M. de

[1] *Revue archéol.*, mai 1877. — M. Kerviler a trouvé depuis, dans les travaux de Saint-Nazaire, un *celt* emmanché dans une douille en bois de cerf, dont le creusement ne s'explique pas sans l'emploi d'un instrument de métal. Il a été trouvé dans une couche *supérieure* de près d'un mètre à une autre où a été découverte une petite épée de bronze. (*Rev. arch.*, mars 1878.)

Quatrefages avouait que l'appréciation avait toujours jusqu'ici échappé à la véritable science.

Si l'on admet le *maximum* extrême de seize siècles pour le dépôt de 6 mètres d'alluvions et la proportionnalité du temps pour la distance entre les deux couches, on devra reporter la plus ancienne à une date de *six à sept siècles* avant Tetricus, c'est-à-dire à peu près au commencement du IVe siècle avant notre ère, au temps, pour l'Italie, de la prise de Rome par les Gaulois, et, pour la Grèce, de la première jeunesse de Démosthènes, époque nullement préhistorique, comme on le voit. Mais faut-il admettre cette *proportionnalité?* Écoutons les raisons alléguées par M. Kerviler :

« Au-dessus du niveau des basses mers, les eaux chargées de vase n'ont plus été en permanence à la même élévation. » Mais cette objection perd son importance « devant un examen attentif des envasements dans les petits golfes échelonnés le long de nos rivières. » — « On connaît cette loi d'hydraulique générale qui veut que, dans tout liquide en mouvement, contenant des matières solides en suspension, s'il y a diminution de vitesse, il y ait aussitôt dépôt. » C'est là, ajoute-t-il, la cause des barres qui se forment là où le courant des rivières rencontre la marée, et le dépôt s'opère surtout dans les anfractuosités des rivières, où la vitesse de l'eau n'est pas comparable à celle du chenal. L'observation constate que l'élévation de la marée n'est presque pour rien dans les dépôts de cette dernière espèce. « Il est vrai, dit encore M. Kerviler, que plus l'alluvion augmente de hauteur, moins longtemps elle reste soumise à l'action des eaux vaseuses; mais aussi la compression par tassement devient évidemment beaucoup moindre. » Des calculs que l'on devra rechercher dans l'original, et où l'auteur fait entrer le nombre des heures de flot et la pesée des cubes d'un même volume de vase, pris dans la partie supérieure du dépôt et à 9 mètres au-dessous, l'amènent à affirmer que le calcul direct par la proportionnalité des épaisseurs conduit à un résultat voisin de la vérité absolue.

Mais il a trouvé une démonstration plus saisissante dans l'observation d'une coupure verticale de la vasière et de ses *stratifications*, faite par lui-même en compagnie de M. Paul du Chastellier. « Sur 2 mètres de hauteur, dit-il, où nous les observâmes au-dessus de la couche sableuse des débris de l'âge de bronze, elles paraissaient avoir 3 millimètres d'épaisseur; entre la plupart on apercevait très-nettement de minces couches noires, qui se décomposaient au toucher en *débris végétaux* très-aplatis. » L'ordre régulier et presque invariable des couches est sable, argile, débris végétaux, ceux-ci représentant le détritus *annuel* de l'automne. L'épaisseur de chaque couche varie sensiblement; mais, *en prenant les moyennes* entre les chiffres extrêmes donnés par M. Kerviler, on arrive à un peu plus de 4 millimètres pour les trois dépôts d'une même année, ou de 40 centimètres par siècle, qui, pour 2 mètres et demi (distance entre les deux dépôts historiques), donneraient six siècles environ. L'auteur, qui avait le dépôt sous les yeux, et qui par conséquent pouvait mieux juger dans quel sens il devait forcer la moyenne, s'arrête à 35 centimètres pour l'épaisseur d'un dépôt séculaire, « y compris l'épaisseur supplémentaire des grosses couches de gravier, » ce qui donne sept siècles pour le total, c'est-à-dire à peu près le résultat du premier calcul, avec quelque chose en plus, et nous reporte seulement à une époque contemporaine de la législation décemvirale pour les Romains, au *siècle de Périclès* pour l'histoire de la grande civilisation hellénique. Si les prises de moyennes laissent toujours dans l'esprit un certain degré d'incertitude sur les conclusions générales, l'accord de ce résultat avec le précédent doit produire une forte impression.

Du reste, il faut le dire une bonne fois, l'usage des *instru-*

ments de pierre n'est pas par lui-même une preuve de la haute antiquité d'une station. Cet usage *existe encore* aujourd'hui, *dans la Grèce* elle-même, pour les instruments d'agriculture appelés *alostra*, signalés par M. Emile Burnouf à l'Académie des Inscriptions. Le cimetière *mérovingien* de Caranda, dans l'Aisne, a présenté un mélange considérable d'objets de pierre et de métal. Si leur répartition entre les tombes est mal connue[1], ce sont là pourtant des faits qu'il faut rappeler pour arrêter l'archéologie dite préhistorique dans la voie téméraire où elle s'était engagée. Il n'en est pas moins vrai que l'âge des dolmens, identique en Gaule à celui de la pierre polie habituellement employée, a précédé, chez nos aïeux, l'emploi ordinaire ou même fréquent des métaux quels qu'ils soient. Mais l'existence, mais la nature même des monuments mégalithiques suppose une *société régulière*, employant des forces réunies considérables pour les honneurs religieux à rendre à ses morts, et plus particulièrement, semble-t-il, aux morts des familles qui les gouvernaient et qui s'étaient illustrées chez elles. La domestication des animaux, l'agriculture, l'horticulture, le tissage de lin, une céramique assez avancée étaient d'ailleurs, au temps de la pierre polie, des arts communément pratiqués en Gaule[2].

[1] Il est possible et même probable que les objets en silex trouvés dans ce cimetière (excepté ceux de la chambre funéraire mégalithique) aient eu une destination superstitieuse. (Voy. *Matériaux*, etc., 1875, p. 108-10, 221-3; cf. 291, et 1876, p. 158.) Mais la persistance de ces dépôts, avec le maintien du choix de la matière communément employée quand la coutume s'en établit, peut faire hésiter, dans d'autres stations, sur l'antiquité réelle de ces objets, surtout quand ils sont trop petits pour avoir eu un emploi dans la vie domestique. — Il y a aussi, à Caranda, quelques débris des temps gaulois et gallo-romains. (Voy. *Le Cimetière de Caranda*, par M. Millescamps, 1875.) L'auteur cite d'ailleurs d'autres nécropoles des temps mérovingiens où des faits semblables ont été signalés.

[2] Voy. Al. Bertrand, *Archéol. celt. et gaul.*, préface, p. XII et XIII. —

« On ne construit pas, dit encore M. Bertrand, on n'entretient pas des stations sur pilotis, sans une forte institution communale..... La présence du jade, de la jadéite, de la calaïs, de l'ambre, dans des pays qui ne produisent aucune de ces matières, prouve l'étendue du commerce..... La force des traditions éclate dans l'homogénéité des monuments et dans la constance de certains détails..... On a cru que l'âge de la pierre polie représentait une des phases normales et nécessaires du développement de l'humanité dans la voie du progrès, quelque chose d'analogue à ce qu'est, en géologie, un étage bien tranché dans la succession des terrains antérieurs à l'ère récente. Ce point de vue ne peut qu'égarer. Le perfectionnement du travail de la pierre chez les populations septentrionales et occidentales de l'Europe tient uniquement à leur isolement. Il est synchronique et même postérieur au développement bien supérieur de populations du Midi qui n'ont point traversé d'étapes semblables[1]. »

Ces lignes, consignées par M. Bertrand dans la Préface où il résume les résultats de ses longues années d'investigations, devraient être désormais l'épigraphe de tous les travaux relatifs à ce qu'on appelle l'âge ou les âges de la pierre.

A quelle race appartenaient les hommes des dolmens? N'avaient-ils pas été précédés sur notre sol par une race différente? Ce sont là deux questions soulevées par l'étude du livre de M. Bertrand et que lui-même n'a pas négligées, mais qui n'appartiennent pas complètement peut-être à l'objet de la présente étude. Cependant elles y tiennent de trop

Voyez, sur ces derniers faits, les détails étendus et précis que donnent M. Troyon dans la *Revue archéologique* de janvier 1860, touchant la station lacustre de Concise, et M. Desor (*Palafittes du lac de Neuchâtel*, âge de la pierre, p. 24-5).

[1] *Archéol. celt. et gaul.*, préface, p. XII-XIV.

près et sont trop intéressantes en elles-mêmes pour ne pas attirer notre examen.

CHAPITRE VII

(APPENDICE)

A QUELLE RACE APPARTENAIENT LES HOMMES DES DOLMENS? — QUE SAIT-ON DES PREMIERS HABITANTS DE LA GAULE?

La question ethnographique concernant les hommes des dolmens, cette question que nos pères avaient à peine posée, tant alors elle paraissait simple, a été vivement agitée dans ces dernières années, où des documents nouveaux ont été produits en nombre considérable. On a même soulevé hardiment la question de l'antiquité réelle des dolmens, au-delà ou en deçà de la limite des temps classiques, dans notre Occident lui-même. Résumons d'abord les opinions récemment produites, et nous chercherons ensuite ce que chacune peut contenir de vérité. Avant tout, voyons ce qu'a dit M. Bertrand, dans le volume qui a été l'occasion de ce Mémoire.

§ 1. — *Opinions diverses sur l'ethnographie et l'époque des constructeurs de dolmens.*

M. Bertrand a fait remarquer, non-seulement que les dolmens se trouvent presque tous en dehors du territoire gaulois proprement dit[1], mais encore qu'ils se trouvent en dehors

[1] Il doit y avoir deux ou trois fautes d'impression dans l'énumération de la p. 91; voyez la rectification implicite de la p. 108.

des contrées désignées comme celtiques par les anciens (avant César), et spécialement en dehors des routes commerciales, indiquées par Strabon comme traversant la France actuelle[1]. Il fait aussi observer que, contrairement à ce qui s'est passé dans les contrées scandinaves, l'inhumation était le mode habituel de sépulture dans notre pays, aussi bien sous les tumulus que sous les dolmens[2]. D'autre part, nos dolmens sont quelquefois recouverts par des tumulus[3], ce qui peut indiquer la pénétration réciproque des deux civilisations; et la transition d'une période historique à une autre est là d'autant mieux marquée que le fer, le bronze et la pierre se trouvent tous les trois sous les tumulus, quoique dans des proportions fort inégales, signalant d'une part la prédominance des Celtes, *plus nouveaux venus*, sur les anciens habitants, de l'autre des relations encore très-limitées avec les *derniers arrivés*, les Gaulois armés de fer. M. Bertrand est d'ailleurs disposé à croire que, là où les tumulus sont isolés dans les régions à dolmens, la civilisation celtique a plutôt été apportée par le contact que par l'invasion[4]. Il s'agirait ainsi du simple ascendant d'une civilisation supérieure, exercé par les Celtes du Sud-Est sur les populations de la Transalpine occidentale.

« Les dolmens, ajoute M. Bertrand[5], se trouvent dans les îles, sur les côtes septentrionales et occidentales de la Gaule, à partir de l'embouchure de l'Orne jusqu'à l'embouchure de la Gironde. Ils se groupent surtout sur les points et caps s'avançant dans la mer. Dans l'intérieur, on les rencontre en majorité à proximité des cours d'eau navigables; et l'on re-

[1] *Arch. celt. et gaul.*, p. 92, 108.
[2] *Ibid.*, p. 97-8, 103.
[3] *Ibid.*, p. 85, 103.
[4] *Ibid.*, p. 109.
[5] *Ibid.*, p. 107-8.

marque qu'ils sont plus nombreux généralement à mesure que l'on s'approche de nos principales rivières et de leurs affluents. Les populations qui ont élevé les dolmens doivent donc, ajoute-t-il, avoir remonté les fleuves sur des radeaux ou des barques, ou suivi leurs rives. Cette loi est générale, ou du moins les exceptions sont si rares qu'elles peuvent être négligées. » L'auteur énumère, un peu plus loin [1], les contrées septentrionales, étrangères à la Gaule, où l'on trouve des dolmens *nombreux*, appartenant en conséquence à une civilisation *indigène*. Cette énumération nous présente deux groupes assez bien liés : Hollande, Hanovre, Oldenbourg, Holstein, Sleswig, Jutland, Mecklembourg, province de Magdebourg, Prusse occidentale, Suède méridionale, île de Séeland; puis : îles de l'Écosse occidentale, île d'Anglesey, pays de Galles, partie Sud de l'Angleterre et côte, surtout orientale, de l'Irlande. L'auteur indique rapidement les dolmens trouvés en Asie [2] et consacre un paragraphe spécial à ceux de la province de Constantine [3]; mais il regarde tous ceux-là comme en dehors de ses conclusions, en ce qui concerne la race qui a élevé les nôtres. Sa conclusion, du moins celle qu'il adoptait en 1861, lorsqu'il rédigeait son Mémoire sur les *Monuments dits Celtiques*, était que les dolmens de l'Occident sont l'œuvre de populations de race incertaine, nommée par lui hyperboréenne [4], populations arrivées de la Baltique dans les Iles Britanniques; de là elles « étaient venues s'abattre sur l'Armorique et avaient pénétré dans l'intérieur du pays, en remontant le cours des rivières qui s'y jettent [5]. » Mais il

[1] *Arch. celt. et gaul.*, p. 116-21.

[2] *Ibid.*, p. 123-7.

[3] *Ibid.*, p. 148-64.

[4] Terme classique qui ne désignait rien autre chose que le séjour dans le Nord de l'Europe.

[5] *Archéol. celt. et gaul.*, p. 128.

ajoutait en note, au 1er février 1876 : « Nous croyons aujourd'hui que la civilisation de la pierre polie a bien suivi cette route ; mais nous serions moins affirmatifs sur la migration des populations. Nous ne croyons plus à une race des dolmens. » Et quelques mois plus tard (7 novembre 1876) il écrivait à l'auteur du présent Mémoire, qui lui avouait se sentir enclin à reconnaître, dans les auteurs des dolmens, des tribus appartenant à la race celtique : « Tu as raison pour les Hyperboréens. Le Huérou disait déjà qu'il prouverait quelque jour que les Celtes et les Hyperboréens se confondaient sous bien des rapports. Tu vois aussi que, sur ma carte, ils sont tous représentés par une même teinte jaune. Mon article *Celtes* [1] ne porte que sur les premières tribus celtiques connues des Grecs de Marseille. Tu peux donc développer ton idée : tu ne feras que tirer les conséquences légitimes contenues dans les faits. Je suis bien aise de te voir à ce point de vue. »

J'ai dû citer cette communication d'Alexandre Bertrand pour *prendre date en son nom*, et constater ainsi qu'il avait *d'avance* donné en quelque sorte satisfaction à notre confrère, M. l'abbé Hamard, lequel, dans la *Préface* de sa traduction de J. Fergusson [2], s'attache à revendiquer nos dolmens pour la race celtique. Voyons rapidement comment M. Hamard appuie sa pensée.

Il accorde sans peine au savant directeur du Musée de Saint-Germain que les dolmens n'appartiennent nullement aux tribus gauloises proprement dites, et que l'on doit expliquer ainsi leur absence presque totale des départements orientaux de la France. Mais il fait observer avec raison que l'on en trouve partout dans le reste de la Celtique de César, et

[1] *Archéol. celt. et gaul.*, p. 248-64.

[2] *Les Monuments mégalithiques de tous pays*, p. XXII-XXXII.

spécialement un grand nombre dans le cœur de cette Celtique, dans le centre religieux de la Gaule druidique, c'est-à-dire dans le pays des Carnutes, et cela malgré les progrès considérables de l'agriculture, qui a dû en détruire beaucoup. L'auteur ajoute que, les Celtes de la Transalpine centrale et occidentale n'ayant été connus des Romains que fort tard, on ne peut pas juger d'après les historiens de Rome de ce qu'était la civilisation celtique durant les premiers siècles de son établissement dans nos contrées. Il ajoute même, *à l'encontre* de la construction des dolmens par une race qui serait *venue du Nord s'établir chez nous en remontant les fleuves* : 1° que toutes les populations, toutes les races ont une inclination bien naturelle à se grouper le long des cours d'eau ; 2° que la région montagneuse de la Celtique contient beaucoup de ces monuments.

Puis, quittant le terrain des objections et arrivant aux preuves directes, M. Hamard énonce ce fait, que les dolmens se trouvent (en Europe) surtout là où les langues celtiques se sont conservées jusqu'à nos jours; que la tradition les rapporte aux Celtes; que les figures gravées sur la céramique des dolmens sont analogues à celles des plus anciennes *monnaies* trouvées dans le même pays et spécialement *dans les dolmens d'Arzon*. Il dit encore, sur le témoignage de M. H. Martin, que des *inscriptions* en caractères *ogham* ont été trouvées en Irlande dans l'intérieur de certains dolmens, et que, pour l'une d'elles, les lignes de caractères se trouvant engagées entre les pierres du monument, il est impossible de la supposer postérieure au monument lui-même. Enfin, ajoute M. Hamard, si les dolmens ne sont pas celtiques, que sont-ils? Avant les Celtes, les Ibères, que l'on croit de race finnoise, ont occupé une partie de nos contrées; or, ni les Ibères, ni les Finnois, n'ont élevé de dolmens dans les contrées qu'ils continuent d'occuper.

M. Fergusson, l'auteur anglais que M. l'abbé Hamard a traduit, va plus loin et cherche à établir les dates, approximatives sans doute, mais non pas seulement relatives, de la construction des dolmens, tant armoricains que britanniques : ils les croit postérieurs à l'établissement de l'Empire romain. Comment est-il parvenu à une conclusion si radicalement opposée à tous les sentiments qui avaient été conçus jusqu'ici ?

Une observation importante, plus frappante selon moi que tout son système, l'a conduit à penser, indépendamment de tout calcul de siècles, que l'érection de ces dolmens n'occupe pas une place reculée dans l'ordre des migrations successives des populations européennes. Il dit, en effet, qu'un seul groupe de monuments mégalithiques existe, en Angleterre (dans le Kent), à l'Est d'une ligne qui serait tracée de l'embouchure de l'Humber à la baie de Southampton, c'est-à-dire dans les pays jadis peuplés par les Belges [1], et que pas un seul monument de cette nature n'existe dans le pays des anciens Belges continentaux [2]. Comme les dolmens sont très-nombreux à l'Est et au Sud-Ouest de cette dernière région, l'auteur conclut que les constructeurs de dolmens furent *coupés en deux* par l'invasion des Belges *avant* l'époque où ils se livrèrent à ce genre de constructions, puisque, dit-il, s'il en était autrement, il serait demeuré, dans le territoire occupé par les nouveaux arrivants [3], des monuments de cette espèce, antérieurs à l'occupation belge. C'est dans le même ordre d'idées que s'est placé le traducteur quand il a dit [4] : « Selon

[1] Ainsi qu'il résulte de l'identité de plusieurs noms de tribus.

[2] *Les Monum. mégalith.*, p. 129, et 337-8, 341. — On trouve pourtant quelques dolmens dans la partie montagneuse du Luxembourg, mais ils peuvent appartenir à une autre race. (*Ibid.*)

[3] *Les Monum. mégalith.*, p. 318 (cf. 317), 333-7, 358.

[4] Note de la p. 347.

toute apparence, les Celtes ne construisaient pas encore de dolmens lorsque les Gaulois les expulsèrent de l'Est de la Gaule; autrement on eût trouvé, dans ces régions, des restes de ces monuments. » Réduites à ces termes, les observations des deux archéologues doivent être prises en sérieuse considération.

Mais l'auteur anglais ne s'en tient pas là. Il croit que le contact et l'exemple des Romains ont seuls donné aux habitants de l'Armorique l'idée d'élever des monuments de pierre, au lieu d'employer seulement la terre ou le bois, les Armoricains n'ayant eu d'ailleurs aucun penchant à imiter le style architectural des conquérants, avec lesquels leur contact ne fut jamais bien intime, pas plus que les Indiens d'aujourd'hui n'ont l'idée d'imiter l'architecture anglaise[1]. Le silence complet de César et de Pline sur les monuments mégalithiques lui persuade qu'il n'en existait pas de leur temps, dans nos contrées[2]; et, selon lui encore, la présence d'une croix sur le demi-dolmen de Kerland, en Bretagne, est une preuve que le monument lui-même fut élevé après la prédication du christianisme[3]. Ce qui est plus frappant, c'est la trouvaille de *tuiles gallo-romaines* et de produits de la crémation, *avec des têtes de flèches en pierre, sans nulle trace de métal*, dans un dolmen sous tumulus, à Crubelz[4]; c'est encore la trouvaille, faite dans un tumulus peu éloigné de ce dolmen, de deux statuettes de Latone, en terre cuite, et de *monnaies* de Constantin II (347-40), à 30 centimètres *au-dessous* du dépôt ordinaire d'objets en pierre[5]. « *Beaucoup* d'autres *monnaies romaines*, ajoute l'auteur[6], ont été découvertes dans les monuments

[1] *Les Monum. mégalith.*, p. 388-9.
[2] *Ibid.*, p. 392.
[3] *Ibid.*, p. 363.
[4] *Ibid.*, p. 353.
[5] *Ibid.*, p. 355.
[6] *Ibid.*, p. 355-6.

français ; mais on ne tient aucun compte de leur témoignage. Dans celui de *Manné er Hroëk*,... à 800 mètres environ de Locmariaker, l'on a trouvé, près de la surface, onze médailles romaines, depuis Tibère jusqu'à Trajan, et cela sans aucune trace de sépulture secondaire. » Cet usage se rapportait sans doute à des rites superstitieux, et l'auteur fait observer à ce sujet qu'on ne trouve, parmi les monnaies ainsi enfouies, aucun type appartenant ni aux peuplades gauloises ou bretonnes, ni à l'époque purement chrétienne, « ce qui eût dû arriver, semble-t-il, si leur présence (celle des monnaies) était vraiment accidentelle [1]. » La date de ces monnaies, appartenant toutes au temps de l'Empire romain, est certainement un indice précieux. Enfin, il existe à Saint-Germain-sur-Vienne, près de Confolens (Charente), un dolmen de grande dimension, reposant sur des colonnes de style roman, composées chacune de trois parties séparées et appartenant manifestement, d'après leur ornementation, au XIe et au XIIe siècle. Alors encore les habitants de cette contrée avaient donc eu l'idée ou d'élever ou tout au moins de décorer un dolmen [2].

Il est vrai et même manifeste que c'est là une exception. Mais l'auteur croit pouvoir généraliser sa pensée et attribuer les dolmens à l'ère chrétienne, en comparant ceux de notre Bretagne avec ceux des Iles Britanniques et surtout de l'Irlande. Il y a, selon lui, une ressemblance frappante entre les sépultures du Manné-Lud et de Gavr'innis (Morbihan) et celles de certains monuments irlandais [3]. Et comme « il est certain, ajoute-t-il, que les monuments de la Boyne ont été érigés dans les quatre premiers siècles de l'ère actuelle, il

[1] *Les Monum. mégalith.*, p. 350.
[2] *Ibid.*, p. 352-4.
[3] *Ibid.*, p. 379, 381.

s'ensuit que ceux de Locmariaker ne peuvent pas appartenir à une époque notablement différente[1]. »

Il semble qu'on doive conclure de ces observations que M. Fergusson attribue les dolmens aux Celtes. Il n'en est rien cependant, parce qu'il croit reconnaître la trace d'une race différente dans la coïncidence fréquente entre la présence des dolmens et la finale *ac* des noms topographiques, tant dans la France occidentale que dans l'Ouest de l'Angleterre[2]. Il dit que, dans ce dernier pays, les dolmens, presque tous réunis dans le Cornouailles, le pays de Galles et les îles d'Anglesey et de Man, appartiennent à la race des anciens Silures, qu'il considère comme ibérienne[3]; en Irlande aussi, il croit à l'existence d'une ancienne migration espagnole[4]; et, quant à la France, il pense qu'entre la basse Loire et les Cévennes cette race, étrangère aux Celtes, a conservé, pendant tout le moyen-âge, un goût artistique d'un caractère spécial, d'après le style de ses églises[5].

§ 2. — *Examen de ces opinions.*

Il est clair que la question serait grandement simplifiée dans son ensemble, s'il fallait accepter les conclusions chronologiques qui viennent d'être exposées; mais il s'en faut bien qu'elles soient démontrées. Si, en effet, on étudie les divers passages où l'auteur cherche à découvrir la date approximative des monuments irlandais[6], on reconnaîtra le vague singulier de ses raisonnements, l'incertitude extrême

[1] *Les Monum. mégalith.*, p. 388.
[2] *Ibid.*, p. 345-7.
[3] *Ibid.*, p. 174, 403.
[4] *Ibid.*, p. 402-4.
[5] *Ibid.*, p. 348.
[6] *Ibid.*, p. 240, 243-5, 246.

de ses hypothèses, plus ou moins directement établies sur ce que le traducteur appelle l'« inextricable fouillis » des annales de l'Irlande[1]. Reste, il est vrai, le fait, mentionné plus haut, d'une inscription en caractères ogham engagée dans un monument mégalithique de ce pays. M. Fergusson dit, en effet[2], que cette écriture alphabétique, bien rudimentaire, ne peut guère être regardée comme ayant existé beaucoup avant l'ère chrétienne, au IIIe siècle de laquelle l'écriture alphabétique proprement dite a pénétré dans ce pays, bien que, jusqu'au VIe au moins, elle y ait été fort peu usitée[3]. Tout cela est encore assez vague; puis M. Fergusson, qui s'intéresse beaucoup aux monuments irlandais et parle avec détail de ceux du Nord-Ouest, ne dit pas un mot du fait rapporté par M. H. Martin; et M. Brash, auteur d'une dissertation spéciale sur les inscriptions en ogham au Congrès de Norwich, n'en avait pas parlé davantage. Il semble donc qu'il convienne d'apporter ici une certaine réserve, en considérant que la nature même de ces caractères peut quelquefois faire illusion à l'aspect de capricieuses entailles ou d'inégalités naturelles dans les pierres en question. Je suis aussi très-inégalement frappé des ressemblances entre certaines sculptures rudimentaires, bretonnes et irlandaises, qui ont été mentionnées par M. Fergusson; nulle part cette ressemblance n'est manifeste et décisive.

Peu importe, d'ailleurs, tel ou tel fait particulier, puisqu'il est bien constaté, nous l'avons vu tout-à-l'heure, que le dolmen de Crubelz a été érigé au temps de l'Empire romain. Je n'en dirai pas autant du demi-dolmen de Kerland : la présence d'une croix ne signifie très-probablement pas autre chose

[1] *Les Monum. mégalith.*, p. 187, note.
[2] *Ibid.*, p. 208.
[3] *Ibid.*, p. 209.

que la prise de possession par le christianisme d'un monument païen; c'est au XIXe siècle, si je ne me trompe, qu'une croix a été placée sur le grand menhir du Champ-Dolent, près de Dol. Le fait du dolmen de Confolens est plus significatif en lui-même; mais, encore une fois, il est tellement exceptionnel dans l'âge féodal, qu'on n'en peut tirer aucune conclusion générale. Le silence de César et de Pline, outre que c'est un argument purement négatif, appartient à des temps incomparablement moins curieux que le nôtre de ce qui concernait les races alors appelées barbares. Celles-ci n'intéressaient César qu'au point de vue politique; Pline avait une vraie curiosité d'érudit, mais il n'avait pas, que je sache, voyagé lui-même dans les pays à monuments mégalithiques; or ses compatriotes s'en préoccupaient fort peu.

On doit donc conclure de tout ceci que, si l'usage d'ériger des dolmens n'avait pas disparu sous la domination romaine, rien ne prouve qu'il n'ait pas existé avant elle et même longtemps avant elle. Rien absolument ne permet de donner une date au commencement de cet usage; mais était-il celtique, et quel état social supposait-il? Voilà ce qu'il s'agit maintenant d'examiner.

Divide, defini, concede, negato, probato,

disait la logique des écoles. Ces cinq éléments essentiels d'une discussion serrée seront tous nécessaires dans la *démonstration* à faire; car il faut s'entendre sur ce qu'on doit *appeler* des Celtes, bien *distinguer* à quels Celtes on veut attribuer des dolmens, afin d'éviter tout malentendu sur la *concession* que l'on réclame et l'*erreur* qu'on veut écarter. Personne ne le conteste, en effet : les tribus celtiques que M. Bertrand nous montre apportant l'usage du bronze dans la Transalpine, vers le temps de la fondation de Rome, ont trouvé ce pays peuplé; mais rien ne prouve que des *tribus de même race* ne les aient pas précédées dans cette région, comme elles-mêmes y précédèrent les Gaulois, qui étaient aussi Κελτικοῦ γένους, dit Plutarque[1], et que les anciens finirent par confondre avec les Celtes proprement dits.

Ce qui donne lieu de penser qu'il y eut effectivement, en Gaule, plusieurs migrations successives de diverses tribus d'une même race, c'est que les Celtes se sont conservés purs jusqu'à nos jours, précisément dans les contrées où durent subsister en grand nombre les anciens habitants du pays, les invasions ultérieures ne pouvant les refouler plus loin :

Sistimus hic tandem NOBIS *ubi defuit orbis*,

c'est-à-dire dans la presqu'île de Bretagne, dans la partie occidentale de la Grande-Bretagne, qu'on appelle très-improprement pays de Galles, puisqu'elle n'a jamais été peuplée de *Galli*, et dans l'Irlande (sauf les colons anglo-écossais des temps modernes); ajoutons-y l'Écosse du Nord-Ouest et du Nord, où les Scots d'Irlande ont émigré en grand nombre dans le commencement du moyen-âge, et dont on ne reconnaît plus les anciens habitants, les Pictes. L'étroite communauté de langage entre les habitants de l'Irlande et ceux des Highlands, la fraternité certaine de langage entre eux et les indigènes des deux Bretagnes, l'invraisemblance extrême d'une invasion *ultérieure* de *tous* ces pays par une *même* population qui aurait *partout* établi l'usage *exclusif* de sa langue, ne permettent pas de dénier à tous ces peuples l'appellation de Celtes, dans le sens non-seulement linguistique, mais ethnographique du mot. Pour rejeter cette conclusion, il faudrait refuser le nom de Celtes aux Irlandais et aux Bretons eux-mêmes, en d'autres termes nier leur communauté de race avec les populations celtiques de la Cisalpine et du bassin du Rhône; il

[1] V. *supra*, chap. II.

faudrait, par conséquent, nier que les noms géographiques de ces dernières contrées et les mots conservés de leur ancien langage doivent s'expliquer par ce que nous appelons aujourd'hui les langues celtiques [1], si non même exclure de la famille ainsi appelée tous les noms qui indiquent la présence des Gaulois proprement dits, depuis la mer Noire jusqu'à la Marne. Il n'est pas un linguiste qui ne recule devant des conséquences telles que celles-là.

Chez nous donc, à l'Ouest de la Seine et des Cévennes, on peut admettre que, depuis les premiers temps de la pierre polie en Occident, le *fond* de la population n'a pas été renouvelé. Les hommes du bronze y purent obtenir, par la supériorité de leurs armes, de leurs connaissances ou de leurs croyances, une prédominance incontestée; mais ils se fondirent plus ou moins avec des hommes issus de la même race et dont la langue ne différait pas complètement de la leur. C'est cet ordre de rapports que nous avons cru reconnaître dans la distinction entre les tombes aristocratiques et plébéiennes de la Gaule occidentale. C'était probablement des rites de l'ancienne race que provenait l'usage d'ensevelir, avec les morts, des *armes de pierre*, usage dont nous avons cru reconnaître encore la trace *vers la fin de l'Empire romain*. De même, l'usage de l'ensevelissement sous les dolmens subsista dans cette région; s'il est très-exceptionnel en Écosse et dans l'Angleterre proprement dite, où il ne se rencontre d'ailleurs que dans les comtés occidentaux [2],

[1] Voyez, dans la *Revue archéologique*, avril, mai, juin, juillet 1867, les articles de MM. d'Arbois de Jubainville et Adolphe Pictet. — Voyez aussi les pages 1-7, 9, 16-18 de l'article sur les Ligures, inséré par M. Alfred Maury en tête du trente-cinquième fascicule de la *Bibliothèque de l'École des hautes études* (1878).

[2] Les *Monum. mégalith.*, p. 129-30, 134-5, 152-4, 159-61, 173, 253-4, 287.

c'est que les Scots émigrés, devenus chrétiens, changèrent leur mode de sépulture, et que les plus anciens habitants de l'Angleterre avaient été de bonne heure refoulés vers l'Ouest par les Belges, qui n'élevaient pas de dolmens, pas plus que n'en avaient élevé les Pictes. Que des coutumes considérées comme sacrées aient subsisté, malgré les modifications successives apportées par des évènements politiques à la condition du pays, depuis des temps inconnus jusqu'au commencement du Bas-Empire, il n'y a là rien de surprenant[1]. Le changement complet des rites funéraires par suite de la prédication de l'Évangile y a seul mis fin; ainsi s'expliquent à la fois la très-longue durée possible de l'érection des dolmens et le caractère primitif de la plupart des objets qu'ils recouvrent. Mais la découverte de Saint-Nazaire ne permet pas d'étendre cette remarque jusqu'à nier la prolongation de l'usage commun d'instruments non métalliques, jusqu'à un temps peu éloigné de l'arrivée des Romains en deçà des monts.

Maintenant faut-il admettre que la race celtique a occupé tous les pays à dolmens? C'est une question bien différente de la première, bien plus compliquée et dont l'affirmative est beaucoup moins vraisemblable. Ce n'est pas, en effet, seulement dans l'Europe occidentale et dans le Nord de l'Europe centrale que se trouvent ces monuments. C'est *par milliers* qu'on les rencontre en Algérie[2]; ils se retrouvent en Asie[3], et *jusque dans l'Inde*, où l'on en construit *encore aujourd'hui*[4].

[1] Voyez Rosenzweig, *Notice sur les monuments funéraires du Morbihan*, p. 3 et 6, où l'on voit l'incinération introduite en Bretagne et la présence d'éléments gallo-romains sous plusieurs dolmens.

[2] Voy. *Congrès de Norwich*, p. 194-99, 204-15; *Archéol. celt. et gaul.*, p. 148-164; *Les Monum. mégalith.*, p. 417-424.

[3] *Archéol. celt. et gaul.*, p. 123-4; *Les Monum. mégalith.*, p. 462-479.

[4] *Ibid.*, p. 125-6; *ibid.*, p. 480, 489-90, 492-96, 499.

Ne faut-il pas dès lors renoncer à soutenir que des races diverses n'ont pu se rencontrer, sans le savoir, pour imaginer et employer une telle forme de sépulture, bien simple après tout, bien peu difficile à imaginer, provenant du type naturel de la chambre sépulcrale, imitation rudimentaire de l'habitation des vivants[1], et qui fut souvent recouverte d'un tumulus[2]? De même, les cercles de pierre se retrouvent à la fois dans l'Afrique française et dans les Iles Britanniques[3], bien qu'on n'en voie à peu près nulle part dans les contrées intermédiaires. Il y a plus : on trouve à la fois en Danemark et en Algérie des *ensembles* de monuments mégalithiques singulièrement semblables entre eux[4].

La question *générale* de l'origine des dolmens paraît donc être insoluble et à jamais insoluble, si l'on veut en faire une question d'ethnographie spéciale. Il n'est pas même démontré que ceux de l'Allemagne du Nord et ceux de l'Europe occidentale appartiennent à une même race; aussi l'opinion que l'arrivée des Belges a coupé cette race en deux avant qu'elle ait commencé à élever de tels monuments[5] n'est-elle rien moins que démontrée. Il serait étrange qu'après avoir été définitivement séparées les unes des autres, les populations voisines de la Baltique et de la mer du Nord et celles des bords de l'Océan eussent séparément conçu de semblables créations, uniquement parce qu'elles formaient, quelques générations auparavant, une population de même race et contiguë. Mais, d'autre part, rien ne prouve que les Celtes arrivés les

[1] Cf. Michel de Rossi, *Congrès de Bologne*, p. 450, 459-60, et *Archéol. celt. et gaul.*, p. 175-81.

[2] Voy. *supra*.

[3] *Congrès de Norwich.*, p. 30-33; *Arch. celt. et gaul.*, p. 150-51; *Les Monum. mégalith.*, p. 55-58, 69-125, 134-9, 165-72, 189-90, 422-4.

[4] *Archéol. celt. et gaul.*, p. 150-53.

[5] *Les Monum. mégalith.*, p. 337-8; cf. 315.

premiers dans l'extrême Occident, les populations *proto-celtiques*, si l'on veut employer ce mot, de préférence à celui de *préceltiques*, ne soient pas venues d'Orient par le versant de la Baltique et de la mer du Nord, comme ceux qui nous apportèrent le bronze vinrent par le bassin du Danube. Peut-être aussi furent-elles réellement séparées en deux groupes au temps où l'usage des dolmens *commençait* à se répandre chez elles ; de là les dolmens trouvés dans les montagnes du Luxembourg, au cœur du pays belge. Dans tous les cas, une grande réserve nous est prescrite par la saine critique. Gardons-nous des erreurs, si nous ne pouvons, avec certitude, arriver ici à la pleine vérité.

§ 3. — *Les prédécesseurs des hommes des dolmens, en Gaule.*

Dans tous les cas, la période des plus anciens dolmens ne peut remonter, dans nos contrées, plus loin que l'usage de la pierre polie, et M. Al. Bertrand démontre qu'il y a eu solution de continuité, tout au moins en Gaule, entre cet âge et celui de la pierre taillée [1]. Nulle part, en effet, le mélange ou la ressemblance des instruments de l'une et de l'autre catégorie ne correspond au mélange ou à la ressemblance des instruments de bronze avec ceux de pierre polie ; nulle part on ne trouve un indice de la transition supposée [2]. D'autre part, l'instinct de l'art, le talent merveilleux avec lequel les hommes de la pierre taillée reproduisaient, sur des os ou des bois de renne, des figures du règne organique, la figure du renne lui-même, comme l'auteur en met sous nos yeux des exemples

[1] *Arch. celt. et gaul.*, p. 71-73.

[2] Si ce n'est peut-être à Caranda ; mais là le mélange s'étend à des objets de fabrication manifestement mérovingienne, et c'est le cas de dire que qui prouve trop ne prouve rien. Il faudrait avant tout savoir au juste comment les objets étaient répartis entre les sépultures et les couches de terrain.

saisissants, montrent chez eux l'existence d'une civilisation réelle, quoique très-différente de celle qui existait dans la Gaule au temps des guerres puniques[1]. Peut-être est-ce par le fait d'une tradition doctrinale, comme l'a pensé M. Bertrand, que les Celtes de la pierre polie n'ont laissé aucun monument des arts représentant la vie organique[2]; d'autre part, les contemporains de l'âge du renne[3] dans nos contrées ne paraissent avoir connu ni l'agriculture, ni l'usage de nos animaux domestiques. Sans doute, ces conditions d'existence, applicables seulement à des populations errantes et peu nombreuses, puisqu'elles vivaient de chasse, ont amené, bien plus facilement que pour des populations compactes, ou leur disparition, ou leur complète et rapide absorption par les proto-Celtes, — si même on ne doit les considérer comme antédiluviennes.

Nous ne chercherons donc pas ici à reconnaître une transition que tout indique n'avoir point existé. Il y a eu assurément un progrès accompli d'une époque à l'autre, mais non pas un progrès résultant du développement spontané d'une même race. Alors, comme aux temps postérieurs, une population plus civilisée a apporté, par voie de migration, un état meilleur; seulement, elle ne l'a probablement cette fois apporté que pour elle-même, tandis que la civilisation du bronze a été communiquée à une population antérieurement existante au lieu d'arrivée de l'émigration. Mais, dans l'un et l'autre cas, la lumière est venue d'un foyer toujours allumé et situé vers l'Orient; nulle part nous ne pouvons apercevoir des hommes de l'âge de pierre passant par leurs propres efforts à l'âge

[1] *Ubi supra*, p. 63-71.

[2] Sauf deux monuments irlandais, peut-être des temps chrétiens. (*Les Monum. mégalith.*, p. 220, 224.)

[3] Je dis de l'âge du renne et non de l'existence du renne, car il paraît qu'il en est demeuré très-longtemps quelques individus sous nos climats.

des métaux, et ce résultat négatif, mais si important, est en effet la conclusion suprême du livre entier de M. Bertrand.

Nous ne voyons, d'ailleurs, aucun moyen de déterminer l'époque où l'une des civilisations de la pierre s'est substituée à l'autre; rien même ne démontre que l'usage de la pierre polie ait *exclu* chez une même population celui de la pierre habilement taillée, pour les instruments dont l'emploi ne réclamait pas l'une plutôt que l'autre, pas plus que la connaissance du bronze n'a subitement exclu l'usage de la pierre. Si la pierre polie se trouve seule dans les dolmens, c'est que les dolmens étaient la sépulture de personnages d'une certaine importance, et qu'on y enterrait avec les morts des objets d'une destination sacrée [1].

Terminons enfin par un dernier appel à la prudence, puisque nous avons vu combien est fausse la voie dans laquelle on s'est longtemps obstiné, et dans laquelle plusieurs s'obstinent encore à maintenir les investigations de la science. A l'exemple de M. Al. Bertrand, je m'imposerai une extrême réserve sur tout ce qui touche aux relations qu'on a voulu établir entre l'archéologie préhistorique et la géologie; comme lui, plus que lui peut-être, je serais trop peu compétent pour m'étendre sur une pareille matière, me bornant à rappeler que les savants sont encore assez loin de s'entendre tous sur les évolutions climatologiques de la période présente, sur les conditions de la présence du rhinocéros et du renne dans nos contrées. M. Bertrand incline même à croire, d'après des observations modernes faites dans la grande presqu'île scandinave, que le départ de ce dernier animal pourrait bien

[1] Voyez ce que dit sur ce point M. l'abbé Hamard, aux pages XXXVI-VIII de la préface de sa traduction de Fergusson. — Ces observations permettent d'expliquer la perfection de certains instruments de pierre polie : c'est qu'on s'est apparemment servi d'outils de métal pour les façonner.

avoir eu pour cause la propagation de la race bovine[1]; et M. l'abbé Hamard a cité un passage de César qui constate l'existence du renne, dans le bassin du Rhin, au temps de la conquête des Gaules[2]. Ceci ne veut pas dire que les glaciers n'aient pas eu en Europe, depuis même qu'elle est peuplée[3], beaucoup plus d'extension qu'aujourd'hui, mais seulement qu'il faut se garder avec soin de conclusions qui ne dérivent pas *rigoureusement* des faits observés. Qu'on me permette donc d'énoncer ici quelques principes auxquels il est nécessaire d'être fidèle.

Le premier et le plus important peut-être, c'est d'exclure de toute argumentation archéologique tout objet qui peut absolument sans doute être considéré comme un caillou façonné par l'homme, mais qui peut tout aussi bien, sinon mieux, avoir conservé sa forme naturelle ou avoir éclaté par suite de causes purement physiques. Le second c'est que, reconnût-on pour des pierres taillées à éclats non-seulement quelques-uns des types, mais tous les types proposés, il faudrait encore refuser nettement d'en tirer la conséquence qu'on a voulu induire du rapprochement de ces types, savoir qu'ils se seraient succédé l'un à l'autre dans un ordre invariable, et cela dans tous les pays. Il n'y a là ni un fait acquis (bien au contraire), ni même, disons-le bien haut, une hypothèse vraisemblable. Il faudrait soumettre l'homme à un instinct de développement rigoureusement fatal, analogue à l'instinct permanent des animaux, pour admettre *à priori* que les différentes familles humaines ont successivement et parallèlement

[1] *Arch. celt. et gaul.*, p. 21-23. — Cependant, M. de Mortillet (*Matériaux*, etc., 1876, p. 526) signale un fait en sens contraire appartenant à notre temps, en ce qui concerne l'Engadine, et constate que les ossements des deux espèces ont été trouvés ensemble dans des cavernes.

[2] *Gisement du Mont-Dol*, p. 74.

[3] Cf. *id.*, p. 73; et *Géol. et Révél.*, p. 75-76, 415.

donné à la pierre chacune des formes signalées, sans franchir d'intervalle, ou sans admettre une transition en sens contraire, parfois au moins aussi naturelle que l'autre, ou enfin sans arriver de plein saut à une forme moins grossière. Et pour entrer plus avant dans la question, fût-on, ce qui n'est pas, dépourvu de toute donnée historique sur l'origine du genre humain, de tout souvenir de son premier âge ; fût-on réduit à raisonner sur de simples analogies, il faudrait encore reconnaître cette vérité : Si les populations atteintes par les témoignages de l'histoire ou accessibles dans leurs migrations à ceux de l'archéologie ont marché d'Orient en Occident, pourvues déjà d'une civilisation réelle, quoique imparfaite ; si la connaissance et le goût de l'imitation de la nature par l'art sont manifestes chez celle même que nulle tradition historique ne nous laissait entrevoir, il n'existe aucune raison de croire qu'un état complètement différent, dépourvu des lumières de l'intelligence et des conditions de la société, ait jamais été celui des premiers habitants de nos contrées ou de toute autre. Si un type d'instruments est parfaitement grossier, j'allais dire informe, il n'existe aucune raison d'affirmer qu'il soit l'œuvre d'êtres humains ; s'il porte des traces certaines d'une industrie intelligente, on n'a pas le droit de le rapporter à un état bestial. Ce qu'on peut et doit admettre, c'est que les premiers émigrés en Europe trouvèrent, dans un climat relativement sévère et probablement beaucoup plus sévère qu'aujourd'hui, à cause des forêts qui la couvraient, des *obstacles* considérables à la *conservation* de la civilisation matérielle qu'ils apportaient avec eux. Ils furent, en conséquence, obligés d'employer à lutter contre ces obstacles et à conserver leur vie la presque totalité de leur intelligence et de leur activité. Leur course aventureuse, rapide peut-être, peut bien n'avoir pas laissé d'établissements derrière elle ; on n'a pas ici des stations échelonnées comme celles du bronze ; ces hommes avaient perdu toute communication avec la mère-patrie orientale, toute tradition métallurgique aussi, car, nous l'avons vu, la fabrication du bronze fut longtemps liée par une nécessité rigoureuse à des communications directes ou indirectes, mais incessantes avec l'Asie, qui contient les seules mines d'étain alors connues : l'exploitation de celles de Cornouailles ne put exister qu'après la découverte de l'art si difficile, si laborieux à conquérir, de la navigation maritime. Une fois perdue, l'industrie du métal ne fut jamais retrouvée dans l'Europe occidentale par cette première race, ni même par celle qui la suivit, jusqu'à l'arrivée des Phéniciens et des Étrusques d'un côté, des Celtes proprement dits de l'autre. Les Phéniciens furent peut-être les premiers auteurs de l'exploitation des mines d'étain britanniques; les Celtes introduisirent l'étain asiatique dans la vallée du Danube et peut-être aussi dans celle de l'Oder.

Ainsi deux mots résument, en ce qui concerne l'histoire générale des origines, les conclusions qu'on peut raisonnablement tirer des faits établis. L'homme est un être social : c'est la maxime d'Aristote; l'homme est un être enseigné : c'est une maxime plus moderne, mais non moins générale dans son application. Si nos études, bien dirigées, apportent un solide appui à ces deux grands principes d'observation philosophique, les esprits les plus sévères ne pourront désormais les considérer comme des amusements frivoles. Qu'il me soit permis, en terminant, de leur adresser un appel, pour qu'ils apportent en plus grand nombre un concours actif à nos études d'observation et à nos efforts pour en tirer de solides conséquences.

TABLE DES MATIÈRES

Rennes. — Imp. Catel.

www.ingramcontent.com/pod-product-compliance
Lightning Source LLC
LaVergne TN
LVHW012021220826
846092LV00001B/437

* 9 7 8 2 0 1 6 1 6 2 9 7 2 *